MW01056089

Vida discipular 2

La personalidad del discípulo

Avery T. Willis, Jr.
Kay Moore

Marleny Ospina
12/22/05

LifeWay Press®
Nashville, Tennessee, E.U.A.

ISBN 0767325982

Este libro es el texto para el curso CG-0235 en el área de Vida Personal
en el Plan de Estudio de Desarrollo Cristiano

Clasificación Decimal Dewey 248.4
Subdivisión: Discipulado

A menos que se indique lo contrario, todas las citas bíblicas se han tomado de la Santa Biblia,
Versión Reina Valera de 1960, propiedad de las Sociedades Bíblicas en América Latina,
publicada por Brodman & Holman Publishers, Nashville, TN., Usada con permiso.

Para ordenar copias adicionales escriba a LifeWay Church Resources Customer Service,
One LifeWay Plaza, Nashville, TN 37234-0113; FAX (615) 251-5933; teléfono 1-800 257-7744 ó envíe
un correo electrónico a customerservice@lifeway.com. Le invitamos a visitar nuestro portal electrónico
en WWW.lifeway.com donde encontrará otros muchos recursos disponibles.
También puede adquirirlo u ordenarlo en la librería LifeWay
de su localidad o en su librería cristiana favorita.

Impreso en los Estados Unidos de América

Leadership and Adult Publishing
LifeWay Church Resources
One LifeWay Plaza
Nashville, TN 37234-0175

Contenido

Los autores

AVERY T. WILLIS, JR., creador y autor de *Vida discipular*, es vicepresidente para operaciones foráneas en la Junta de Misiones Internacionales de la Convención Bautista del Sur. La versión original de *MasterLife: Discipleship Training for Leaders*, publicado en 1980, fue utilizado por más de 250.000 personas en los Estados Unidos. Ha sido traducido a más de 50 idiomas diferentes para provecho de miles de personas. Willis también es autor de *Indonesian Revival: Why Two Million Came to Christ*, (Avivamiento espiritual en Indonesia: Por qué se convirtieron a Cristo dos millones de personas) *The Biblical Basis of Missions* (El fundamento bíblico de las misiones), *MasterBuilder: Multiplying leaders* (La multiplicación de los líderes), *BibleGuide to Discipleship and Doctrine* (Guía bíblica hacia el discipulado y la doctrina) y varios libros en lengua indonesia.

Willis sirvió durante 10 años como pastor en los estados de Oklahoma y Texas y durante 14 años como misionero en Indonesia. En el curso de este período prestó servicios como presidente del Seminario Teológico Bautista Indonesio durante 6 años. Antes de ocupar su actual cargo, trabajó como director del departamento de adultos de la División de Discipulado y Familia de la Junta de Escuelas Dominicales de la Convención Bautista del Sur, donde presentó una serie de cursos para la profundización del discipulado conocida como el Instituto *LIFE*.

KAY W. MOORE se desempeñó como coautora de esta edición actualizada de *Vida discipular*. Trabajó como editora en el departamento de adultos de la División de Discipulado y Familia de la Junta de Escuelas Dominicales de la Convención Bautista del Sur. Kay dirigió el equipo editorial que produjo la serie *LIFE Support*. La misma está constituida por cursos que pueden ayudar a las personas a resolver cuestiones críticas en su vida. En su carácter de escritora, editora y conferenciante, Moore ha escrito o ha colaborado con la elaboración de numerosos libros acerca de vida familiar, las relaciones y temas de inspiración. Es autora de la obra *Gathering the Missing Pieces in an Adopted Life* y frecuentemente contribuye con revistas religiosas y guías devocionales.

Introducción

Vida discipular es una ayuda para formar discípulos en grupos pequeños para que puedan desarrollar una relación personal de obediencia a Cristo para toda la vida. Este libro, *Vida discipular 2: La personalidad del discípulo*, es el segundo de cuatro volúmenes para dicho proceso de discipulado. Los otros tres libros son *Vida discipular 1: La cruz del discípulo*, *Vida discipular 3: La victoria del discípulo* y *Vida discipular 4: La misión del discípulo*. Mediante estos libros usted reconocerá a Cristo como Señor y su vida en Él.

QUÉ HAY AQUÍ PARA USTED

El propósito de *Vida discipular* es su desarrollo como discípulo para que usted llegue a ser semejante a Cristo. Para ello, debe seguir a Jesús, aprender lo que Él enseñó a sus seguidores y ayudar a otros a ser discípulos de Cristo. *Vida discipular* le permitirá descubrir la satisfacción de seguir a Cristo como discípulo y disfrutar dicha relación con Él. *Vida discipular* se diseñó para contribuir a que usted haga de la siguiente definición del discipulado su estilo de vida:

> En el discipulado cristiano se desarrolla una relación personal de obediencia a Cristo para toda la vida. Esta transformará su carácter haciéndolo semejante al de Cristo, reemplazará sus valores por los valores del Reino de Dios y le dará parte en la misión de Cristo en el hogar, la iglesia y el mundo.

Mediante *Vida discipular 1: La cruz del discípulo* usted exploró su relación personal con Jesucristo. Aprendió a dibujar el diagrama de la cruz del discípulo para ilustrar la vida equilibrada que Cristo desea que sus discípulos tengan. Además, aprendió que Cristo desea ser el centro de su vida, a fin de que todo lo que usted haga sea una consecuencia de su relación con Él.

En *Vida discipular 2: La personalidad del discípulo* usted seguirá ocupándose de su relación con Jesucristo. Sin embargo, en este proceso estudiará básicamente la transformación que Cristo hará de su carácter para llegar a ser semejante a Él por medio de la obra del Espíritu Santo. Aunque usted es creyente, quizás se pregunte por qué sigue pecando a pesar de que sus intenciones son las mejores. Es como si en su interior tuviera dos naturalezas luchando entre sí, una controlada por el Espíritu y la otra controlada por la carne. Los discípulos de Jesús no eran semejantes a Él cuando nacieron de nuevo, como tampoco lo era usted. En este estudio, usted aprenderá cómo el Espíritu Santo puede cambiar su carácter y conducta para hacerlo semejante a Cristo y así Él obrará por medio de la voluntad y la vida suya. Si se niega a sí mismo y se entrega a la dirección del Espíritu Santo, que mora en usted, su carácter podrá asemejarse más a Cristo. La consecuencia de que Cristo sea el centro de la personalidad suya es la vida en el Espíritu. Él desarrollará un carácter semejante a Cristo a medida que usted practique las seis disciplinas que aprendió en *Vida discipular 1: La cruz del discípulo*:

- dedicarle tiempo al Maestro;
- vivir en la Palabra;
- orar con fe;
- tener comunión con los creyentes;
- testificar al mundo;
- ministrar a otros.

EL PROCESO DE *VIDA DISCIPULAR*

Vida discipular 2: La personalidad del discípulo es parte de un proceso de discipulado de 24 semanas. Al completar los cuatro cursos de *Vida discipular* usted habrá adquirido la información y la experiencia que necesita para ser un mejor discípulo de Cristo. Cada libro se afirma en el contenido del otro y se recomienda como requisito previo para el siguiente libro de la serie. Estos libros se diseñaron para estudiarse en sesiones de grupo. Las experiencias que usted tenga al estudiar *Vida discipular* le cambiarán la vida y es importante que dialogue sobre dichas experiencias con su grupo.

CÓMO ESTUDIAR ESTE LIBRO

Se espera que cada día, cinco días por semana, usted estudie un segmento del material que hay en este libro y complete las actividades correspondientes. Posiblemente necesite dedicar de 20 ó 30 minutos diariamente. Aunque vea que puede estudiar el material en menos tiempo, es mejor que lo estudie en cinco días y así le dará tiempo para aplicarlo a su vida.

Notará que antes de las diversas tareas aparecen figuras que representan disciplinas:
Estas figuras vinculan ciertas actividades con las seis dis-

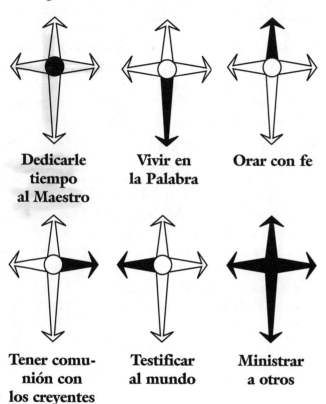

Dedicarle tiempo al Maestro

Vivir en la Palabra

Orar con fe

Tener comunión con los creyentes

Testificar al mundo

Ministrar a otros

ciplinas que usted aprende a incorporar a su vida como discípulo. Tales actividades son parte de sus tareas semanales, las cuales se resumen en la sección "Mi andar con el Maestro en esta semana". Dichas figuras diferencian sus tareas semanales de las actividades relacionadas con su estudio para un día en particular.

Seleccione un horario y un lugar para estudiar con poca interrupción. Mantenga una Biblia a mano para buscar los pasajes indicados. Memorizar las Escrituras es una parte importante de su trabajo. Separe una parte de su tiempo de estudio para la memorización. Todos los pasajes de *Vida discipular* se citan de la versión *Reina-Valera, 1960*. No obstante, usted puede memorizar los versículos de cualquier versión de la Biblia. Tras completar las tareas de cada día, consulte el comienzo del material de esa semana. Si usted completó una actividad que corresponde a la indicada en la sección "Mi andar con el Maestro en esta semana", trace una línea vertical en el diamante que aparece

junto a la actividad. Durante la siguiente sesión del grupo, otro miembro verificará su trabajo y trazará una línea horizontal en el diamante, para formar una cruz en cada diamante. Tal proceso confirmará que usted completó la tarea de cada día. Podrá ocuparse de las tareas a su propio ritmo, pero asegúrese de terminarlas antes de la próxima sesión del grupo.

LA PERSONALIDAD DEL DISCÍPULO

Entre las páginas 133 y 139 encontrará el diagrama de la personalidad del discípulo. Dicha sección, que explica cómo asemejarse más a Cristo en carácter y conducta, será el centro de atención de todo lo que usted aprenda en este libro. Cada semana estudiará una por-

ción adicional de la personalidad del discípulo y aprenderá los pasajes bíblicos que le correspondan a la misma. Al finalizar el estudio usted podrá explicar la personalidad del discípulo en sus propias palabras y recitar todos los versículos correspondientes a cada sección.

El pacto del discípulo

A fin de participar en *Vida discipular*, se le pedirá que usted se dedique a Dios y a su grupo de *Vida discipular* asumiendo los siguientes compromisos. Tal vez no pueda cumplir con la lista completa, sin embargo, al firmar este pacto, usted se compromete a adoptar tales prácticas a medida que progrese en el estudio.

Como discípulo de Jesucristo, me comprometo a...
- reconocer cada día a Jesucristo como Señor de mi vida;
- asistir a todas las sesiones del grupo excepto que me lo impidan causas imprevistas;
- dedicar diariamente de 20 a 30 minutos a las tareas según sea necesario para completarlas;
- tener un tiempo devocional todos los días;
- mantener una Guía diaria de comunicación discipular acerca del modo cómo Dios me habla y yo le hablo a Él;
- ser fiel a mi iglesia en asistencia y mayordomía;
- amar y animar a cada miembro del grupo;
- explicar mi fe a otros;
- mantener en confidencia todo lo que digan los demás en las sesiones del grupo;
- someterme voluntariamente a otros para rendir cuentas de lo que hago o no hago;
- discipular a otros a medida que Dios me dé la oportunidad;
- mantener financieramente a mi iglesia practicando la enseñanza bíblica de ofrendar;
- orar diariamente por los miembros del grupo.

_____   _____

_____   _____

_____   _____

_____   _____

Firma _____   Fecha _____

SEMANA 1

Hacer la voluntad de Dios

La meta de esta semana

Podrá entender y hacer la voluntad de Dios a medida que el Espíritu Santo obre en usted.

Mi andar con el Maestro en esta semana

Completará las siguientes actividades para desarrollar las seis disciplinas bíblicas. Después de completar cada actividad trace una línea vertical en el diamante que aparece junto a la actividad.

DEDICAR TIEMPO AL MAESTRO
◇ Tenga un tiempo devocional cada día y procure lograr la meta de hacerlo durante 21 días seguidos. Marque los días en que tenga su devocional esta semana:
❏ Domingo ❏ Lunes ❏ Martes ❏ Miércoles ❏ Jueves ❏ Viernes ❏ Sábado

VIVIR EN LA PALABRA
◇ Lea su Biblia diariamente. Escriba qué le dice Dios y qué le dijo usted a Él.
◇ Memorice Filipenses 2.13

ORAR CON FE
◇ Ore por los amigos inconversos de cada miembro de su grupo.
◇ Confiese sus pecados a Dios y reconozca que Dios lo ha perdonado.

TENER COMUNIÓN CON LOS CREYENTES
◇ Dedíquele tiempo a un miembro de su familia.

TESTIFICAR AL MUNDO
◇ Piense en cinco personas a quienes desea testificar y anote los nombres de las mismas en su lista para el pacto de oración. O bien, cultive su amistad con cinco personas a quienes pueda testificarles en el futuro.

MINISTRAR A OTROS
◇ Aprenda las partes de la personalidad unificada y la persona natural en la personalidad del discípulo.

Versículo para memorizar esta semana
"Porque Dios es el que en vosotros produce así el querer como el hacer, por su buena voluntad" (Filipenses 2.13).

DÍA 1

¿Quién manda?

Una jovencita de 16 años me preguntó un día acerca de la voluntad de Dios. Le dije que Dios tiene un propósito para cada persona. Para que lo comprendiera mejor, usé varias ilustraciones: "¿Sabes cuántas secciones hay en una naranja? Generalmente tiene diez secciones. En una sandía (melón de agua) habitualmente hay un número par de franjas. Los granos como el trigo, la cebada, el millo y el centeno tienen un número par de semillas en la espiga. En una mazorca de maíz madura hay un número par de hileras de granos, en cada hilera hay un número par de granos, y un número par de barbas en la espiguilla del maíz". Entonces le pregunté: "¿crees que es por pura casualidad que tantas cosas creadas por Dios demuestren esa simetría?"

Ella volvió a preguntar: "¿Significa entonces que tengo que hacer lo que Dios quiere que yo haga?" Le respondí: "No. A pesar de que la voluntad de Dios es perfecta para tu vida y Él desea que tú sigas esa voluntad, no te forzará a hacerlo. Él te guía a hacer su voluntad, pero te da la libertad de tomar tu propia decisión".

Continué explicándole: "Es como si Dios tuviera un plano para edificar tu vida. Quizás Dios desee hacer de tu vida una hermosa mansión, pero aún así tú puedes escoger construir una choza. Sin embargo, Dios quiere que tú construyas tu vida de acuerdo a la voluntad de Él. Asegúrate de que Cristo sea el cimiento de tu vida. Permite que el Espíritu Santo sea el constructor".

Me mantuve atento para observar cómo obraría Dios en la vida de la jovencita. Más adelante se casó con un pastor y con el tiempo, ambos sirvieron al Señor como misioneros. Ella hizo de Cristo el cimiento de su vida y permitió que el Espíritu Santo la guiara.

En el relato que leyó, ¿cuál fue la clave para que esa joven descubriera la voluntad de Dios en su vida?

_____

_____

La clave para descubrir la voluntad de Dios fue hacer de Cristo el cimiento de su vida y permitir que el Espíritu Santo fuera el guía, en lugar de actuar haciendo su voluntad. Cuando esta joven abandonó sus deseos y permitió que el Espíritu Santo la guiara, Él la encaminó hacia el centro de la voluntad de Dios.

Quizás usted se pregunte: *¿Cómo puedo lograr eso? ¿Cómo saber que vivo en el centro de la voluntad de Dios en lugar de hacer "mi" voluntad?* Jesús lo eligió y lo llamó para que usted hiciera la voluntad de Él. Debido a que usted escogió negarse a sí mismo, tomar su cruz y seguir

GUÍA DIARIA DE COMUNIÓN CON EL MAESTRO

LUCAS 2.41-52

Qué me dijo Dios:

_____

_____

_____

_____

_____

_____

Qué le dije yo a Dios:

_____

_____

_____

_____

_____

_____

"A los cielos y la tierra llamo por testigos hoy contra vosotros, que os he puesto delante de la vida y la muerte, la bendición y la maldición; escoge, pues, la vida, para que vivas tú y tu descendencia; amando a Jehová tu Dios, atendiendo a su voz, y siguiéndole a él; porque él es vida para ti, y prolongación de tus días; a fin de que habites sobre la tierra que juró Jehová a tus padres, Abraham, Isaac y Jacob, que les había de dar" (Deuteronomio 30.19-20).

"Y yo sé que en mí, esto es, en mi carne, no mora el bien; porque el querer el bien están en mí, pero no el hacerlo" (Romanos 7.18).

"Mirad, pues, con diligencia cómo andéis, no como necios sino como sabios, aprovechando bien el tiempo, porque los días son malos. Por tanto, no seáis insensatos, sino entendidos de cuál sea la voluntad del Señor" (Efesios 5.15-17).

a Cristo, Él es ahora el Salvador y Señor de su vida. Esta semana analizará algunos principios para hacer la voluntad de Dios.

Cuando haya concluido el estudio de esta semana, podrá:

- Distinguir entre su voluntad y la de Dios;
- Establecer el propósito de Dios para hacer su voluntad;
- Explicar el proceso y la provisión por los cuales Dios ejecuta su voluntad;
- Aplicar a su vida las enseñanzas acerca de la voluntad de Dios.

USTED PUEDE ELEGIR

La Biblia enseña que Dios le ha dado la capacidad de determinar su propósito y elegir. Tal capacidad se conoce como la voluntad. La Biblia se refiere a la voluntad como el deseo, intento o propósito de hacer algo.

Lea los versículos que están en el margen los cuales se refieren a la voluntad de una persona. Indique si está de acuerdo o no con los siguientes conceptos:

1. La voluntad de una persona puede usarse para bien o para mal.
❏ Sí ❏ No

2. Dios siempre controla la voluntad de una persona. ❏ Sí ❏ No

3. Una persona siempre puede hacer lo que se le ocurra. ❏ Sí ❏ No

Tal vez usted piense que controla su voluntad, pero su naturaleza pecaminosa podría impedírselo. Dios quiere que usted obre bien, pero le deja tomar la decisión final. Al hacerlo, usted puede elegir el bien o el mal. Dios desea que usted escoja sus caminos, y se entristece si elige caminos que lo apartan de Él. El versículo para memorizar esta semana se lo recuerda: "Porque Dios es el que en vosotros produce así el querer como el hacer, por su buena voluntad" (Filipenses 2.13). Las respuestas correctas son 1. sí, 2. no, 3. no.

Dios no excluye a nadie en el cumplimiento de su voluntad. Toda persona se incluye en los propósitos de la voluntad de Dios. 2 Pedro 3.9 dice "El Señor no retarda su promesa, según algunos la tienen por tardanza, sino que es paciente para con nosotros, no queriendo que ninguno perezca, sino que todos procedan al arrepentimiento". Cuando una persona se convierte a Cristo, el Espíritu Santo comienza a revelarle la voluntad de Dios para la vida de dicha persona. Si usted tiene vida en el Espíritu, experimentará esta clase de actividad en su vida.

Describa cómo el Espíritu Santo comenzó a revelarle la voluntad de Dios en su vida después que usted se convirtió a Cristo.

_____

_____

Puede que su respuesta se asemeje a uno de los siguientes conceptos: Después de ser cristiano, el Señor me reveló que deseaba que yo dejara de usar malas palabras. Me demostró que deseaba que yo comenzara a asistir a la iglesia con regularidad. Señaló que deseaba que me dedicara a una vocación relacionada con el ministerio cristiano.

Los primeros cuatro pasajes bíblicos que aparecen en el margen mencionan la voluntad de Dios. Léalos y marque los siguientes conceptos con una *V* (verdadero) o una *F* (falso).

_____ **1. Jesús afirmaba que tenía una relación especial con quienes cumplían la voluntad de Dios.**

_____ **2. Jesús dijo que su propósito era hacer la voluntad de Dios.**

_____ **3. Es imposible descubrir la voluntad de Dios.**

_____ **4. Usted puede descubrir la voluntad de Dios.**

Jesús dijo que quienes cumplen su voluntad tienen una relación especial con Él. Para Jesús, cumplir la voluntad de Dios era una parte constante de su propósito y vida de obediencia. Podrá descubrir la voluntad de Dios cuando usted esté dispuesto a ser transformado y renovar su mente. Todos los conceptos son verdaderos a excepción del 3.

LAS CARACTERÍSTICAS DE LA VOLUNTAD DE DIOS

La voluntad de Dios y la voluntad humana son diferentes. Difieren en su capacidad y propósito. La capacidad que usted tiene para llevar a cabo su propia voluntad es limitada. Incluso los buenos propósitos pueden ser corruptos y originarse en motivos dañinos. Por ejemplo, podría desear ganar almas para el Señor para que otros piensen que usted es un cristiano excepcional. Cuando la tarea se vuelva difícil, puede que usted decida que no vale la pena el esfuerzo.

Sin embargo, a diferencia de la débil capacidad humana que tenemos, la capacidad de Dios para llevar a cabo su voluntad no tiene límites. Su propósito siempre es santo, recto y constante. Dios no cambia de idea por capricho o cuando el día se presenta difícil. Él quiere que su voluntad se cumpla. El Espíritu Santo contribuye a cumplirla.

El versículo para memorizar esta semana describe la manera como Dios obra en usted para ayudarlo a descubrir la voluntad de Él. Para comenzar a memorizarlo, lea Filipenses 2.13 en voz alta, de una a tres veces. Cuando lo haya hecho, marque este cuadrado: ❏

CUMPLA EL PROPÓSITO DE DIOS

Cuando piense en cómo descubrir la voluntad de Dios para su vida, se preguntará por dónde empezar. Quizás crea que no puede pensar lo que Dios piensa ni aprender lo que Él ha dispuesto para usted. Dios quiere enseñarle cómo Él revela su voluntad y cómo usted puede cumplirla. El cumplimiento de la voluntad de Dios comienza cuando usted tiene una visión de Dios y el propósito de Él para su vida y usted permite que el Espíritu Santo le enseñe.

"Porque todo aquel que hace la voluntad de mi Padre que está en los cielos, ése es mi hermano, y hermana, y madre" (Mateo 12.50).

"Jesús les dijo: Mi comida es que haga la voluntad del que me envió, y que acabe su obra" (Juan 4.34).

"No os conforméis a este siglo, sino transformaos por medio de la renovación de vuestro entendimiento, para que comprobéis cuál sea la buena voluntad de Dios, agradable y perfecta" (Romanos 12.2).

"Por lo cual también nosotros, desde el día que lo oímos, no cesamos de orar por vosotros, y de pedir que seáis llenos del conocimiento de su voluntad en toda sabiduría e inteligencia espiritual" (Colosenses 1.9).

"[...]habiéndonos predestinado para ser adoptados hijos suyos por medio de Jesucristo, según el puro afecto de su voluntad, para alabanza de la gloria de su gracia, con la cual nos hizo aceptos en el Amado.

A fin de que seamos para alabanza de su gloria, nosotros los que primeramente esperábamos en Cristo. En él también vosotros, habiendo oído la palabra de verdad, el evangelio de vuestra salvación, y habiendo creído en él, fuisteis sellados con el Espíritu Santo de la promesa, que es las arras de nuestra herencia hasta la redención de la posesión adquirida, para alabanza de su gloria" (Efesios 1.5-6, 12-14).

"Padre, si quieres, pasa de mí esta copa; pero no se haga mi voluntad, sino la tuya" (Lucas 22.42).

"No puedo yo hacer nada por mí mismo; según oigo, así juzgo; y mi juicio es justo, porque no busco mi voluntad, sino la voluntad del que me envió, la del Padre" (Juan 5.30).

"Porque he descendido del cielo, no para hacer mi voluntad, sino la voluntad del que me envió" (Juan 6.38).

"Yo te he glorificado en la tierra; he acabado la obra que me diste que hiciese" (Juan 17.4).

En el margen lea Efesios 1.5-6, 12-14. Marque lo que dichos versículos determinan como el propósito de Dios para su vida.
- ❏ 1. Hacerme feliz
- ❏ 2. Ganar a los perdidos
- ❏ 3. Darle gloria a Dios

El propósito de su vida es darle gloria a Dios a fin de que el nombre de Él sea alabado. La respuesta correcta es la 3.

La vida de Cristo describe a alguien cuyo propósito de vida era darle gloria a Dios para que su nombre fuese alabado. Jesús vivía para cumplir la voluntad de Dios. Los pasajes bíblicos del margen expresan lo que Jesús pensaba acerca de cumplir la voluntad de Dios.

Lea los pasajes bíblicos que aparecen en el margen. Asocie cada referencia bíblica con el concepto que la resume.

___ 1. Lucas 22.42   a. Jesús glorificó a Dios mientras estuvo en la tierra.

___ 2. Juan 5.30   b. Jesús no procuraba hacer su propia voluntad.

___ 3. Juan 6.38   c. Jesús oró para que su cumpliera la voluntad de Dios, no la suya.

___ 4. Juan 17.4   d. Jesús vino del cielo para cumplir la voluntad de Dios.

Mientras Jesús estuvo en la tierra procuraba cumplir la voluntad de Dios. ¿Deliberadamente desearía una persona para sí la humillación, la angustia y la muerte? Si Jesús hubiera procurado su propio beneficio, ¿habría elegido que sus amigos y familiares lo rechazaran y que las multitudes lo humillaran? Jesús experimentó tales cosas porque las mismas eran parte de la voluntad de su Padre, no porque Jesús las hubiera deseado para sí. Las respuestas correctas son 1.c, 2.b, 3.d y 4.a.

El compromiso de Jesús para cumplir el propósito de Dios hizo que su ministerio terrenal fuera efectivo. Para usted, el desarrollo en todo aspecto de su vida y ministerio cristiano depende de su compromiso para cumplir el propósito de Dios. ¿Permitirá que Jesús sea su ejemplo y guía para cumplir la voluntad de Dios?

¿Puede usted determinar honestamente si el propósito de su vida es glorificar a Dios? ❏ Sí ❏ No. Si no pudo responder "sí", ¿cuál es su prioridad antes de glorificar a Dios? _____
¿Qué cambios necesitaría hacer para que el propósito de su vida sea glorificar a Dios?

_____

Usted puede descubrir la voluntad de Dios alimentándose regularmente con su Palabra y dedicándole tiempo en oración. En *Vida discipular 1: La cruz del discípulo* usted aprendió las disciplinas de vivir en la

Palabra y orar con fe. Espero que el hábito de un tiempo devocional (que incorpora ambas disciplinas) sea parte de su vida diaria. Durante este estudio se le pedirá que cada día tenga su tiempo devocional.

En su devocional para hoy, lea el pasaje de Lucas 2.41-52, que presenta un ejemplo de cómo cumplía Jesús la voluntad de su Padre, incluso a edad temprana. Luego complete la Guía diaria de comunión con el Maestro en la página 9.

DÍA 2

Su personalidad

Mientras estudiaba cómo cumplir la voluntad de Dios, ¿se preguntó por qué con frecuencia usted procura su propia voluntad en lugar de procurar la voluntad de Dios? ¿Alguna vez se preguntó por qué suele tener pensamientos, sentimientos y una conducta que deshonran a Cristo? Hoy comenzará a estudiar la personalidad del discípulo, un diagrama sencillo que constituye una parte fundamental de nuestro estudio sobre la vida en el Espíritu. El diagrama ilustrará algunas enseñanzas bíblicas acerca de su personalidad. Le demostrará cómo hacer de Cristo el Señor de su vida y cómo vivir como discípulo de Cristo mientras se esfuerza por hacer la voluntad de Dios en lugar de la suya.

¿Alguna vez se preguntó por qué suele tener pensamientos, sentimientos y una conducta que deshonran a Cristo?

ESTUDIO DE LA PERSONALIDAD DEL DISCÍPULO

Dios lo creó como un ser físico y espiritual. La parte física provino de la tierra y la parte espiritual se originó en el Espíritu de Dios. El diagrama que dibujará en el curso de los próximos días contribuirá a comprender cómo fue hecho usted.

La primera parte de la personalidad del discípulo se denomina "una personalidad integral". Lea dicha sección en la página 133-134. En el siguiente espacio comience a dibujar un círculo y deje espacios abiertos en las partes superior e inferior del círculo. Escriba la palabra *Dios* encima del círculo. Si necesita ayuda consulte el diagrama de la personalidad del discípulo (pp. 133 a 139).

La Biblia lo describe a usted como una unidad, como un todo. Por eso dibujó un círculo que representa su personalidad. Cuando aprendió el diagrama de la cruz del discípulo, usted dibujó un círculo que representaba su vida, con Cristo en el centro de la misma. En el diagrama de la personalidad del discípulo, el círculo lo representa a usted. A medida que comprenda más su personalidad y su conducta, sumará elementos a su dibujo. Cuando comprenda cada elemento de su personalidad y cómo funciona, descubrirá cómo integrar su personalidad bajo el señorío de Cristo. El estudio de la personalidad del discípulo lo exhorta a seguir practicando las seis disciplinas que aprendió en *Vida discipular 1*. Al finalizar el presente estudio usted podrá dibujar el diagrama completo de la personalidad del discípulo.

CREZCA A LA SEMEJANZA DE CRISTO

La Biblia recalca el desarrollo de un carácter semejante a Cristo, lo cual es parte de la siguiente definición de *discipulado*.

> El discipulado es desarrollar una relación personal de obediencia a Cristo para toda la vida, en la cual **Él transformará su carácter para hacerlo semejante a Cristo, reemplazará sus valores por los valores del Reino de Dios** y le dará parte en la misión de Cristo en el hogar, la iglesia y el mundo.

Mientras realiza este estudio, trabajará en algunos aspectos de su personalidad los cuales Cristo desea moldear a semejanza de Él. Al leer la definición anterior, quizás se preguntó: *¿Qué es exactamente ser semejante a Cristo? ¿Cómo sabré si mi carácter se asemeja a Cristo?*

Lea el versículo que aparece en el margen. ¿Cuál es la voluntad de Dios para usted?

_____

La voluntad de Dios es que usted se asemeje a Jesús. Transformar su carácter para hacerlo semejante a Cristo significa que el Espíritu Santo lo ayuda gradualmente a ser más parecido a Cristo.

En el estudio del día 1 leyó que Cristo cumplía la voluntad de Dios. Él vino del cielo para hacer su voluntad. Para Jesús, cumplir la voluntad de Dios era una parte constante de su propósito y vida de obediencia. Mientras estuvo en la tierra, Jesús glorificó a Dios. Él oró para que se cumpliera la voluntad de Dios y no la suya.

"Y sabemos que a los que aman a Dios, todas las cosas les ayudan a bien, esto es, a los que conforme a su propósito son llamados.

Porque a los que antes conoció, también los predestinó para que fuesen hechos conformes a la imagen de su Hijo, para que él sea el primogénito entre muchos hermanos" (Ro 8.28-29).

¿Desea hacer lo que Jesús hacía? Marque los conceptos que se apliquen al caso suyo.
- ❑ Deseo ser como Jesús y cumplir la voluntad de Dios, pero me temo que tal vez deba dejar algo de lado.
- ❑ Deseo ser como Jesús y cumplir la voluntad de Dios, pero me temo que no soy capaz de hacer lo que Él me mande.
- ❑ Me es imposible ser como Jesús. Si lo que se espera de mí es cumplir la voluntad de Dios, jamás podré hacerlo.

❑ Sí, deseo cumplir la voluntad de Dios como lo hizo Jesús. Señor, te ruego que me indiques cómo hacerlo.

En este estudio aprenderá más acerca de cómo parecerse a Jesús, cómo desarrollar gradualmente el carácter de Cristo y de qué manera dicho desarrollo del carácter lo ayudará a cumplir la voluntad de Dios.

Recite en voz alta el versículo para memorizar esta semana, Filipenses 2.13. Escriba qué le dijo Dios por medio de dicho versículo respecto a cumplir la voluntad de Dios y desarrollar un carácter semejante a Cristo.

_____

Quizás respondió algo así: Necesito permitirle al Espíritu Santo que obre en mí para eliminar los aspectos dañinos de mi carácter y desarrollar nuevos aspectos que honren a Cristo.

¿Cómo va su práctica diaria del tiempo devocional? Su meta es hacerlo durante 21 días seguidos para crear el hábito como parte de su vida.

Lea el pasaje de Juan 5.16-30 en su devocional para hoy. Vea qué le revela Dios mediante dicho pasaje que trata de otra ocasión en la que Jesús menciona el cumplimiento de la voluntad del Padre. Luego complete la Guía diaria de comunión con el Maestro en el margen.

DÍA 3

Entrega de su personalidad

El cumplimiento de la voluntad de Dios depende de que usted le dedique a Él la totalidad de su personalidad. Aunque se entregue a Dios no tardará en descubrir que cumplir su voluntad no es fácil. Hay muchos factores que influyen en usted.

Connie Baldwin, maestra de escuela, describió dicha clase de conflicto cuando hace varios años ella y su esposo Mark, que era empleado de una iglesia, procuraban conocer la voluntad de Dios. Connie dijo: "Mark sintió que Dios lo guiaba a cambiar de iglesia, pero no sabía a dónde ir. Recibió algunas ofertas pero rehusó aceptarlas porque no le pareció que fueran parte de la voluntad de Dios. Yo no tenía tanta fe y me pareció que era una locura de Mark rechazar esas iglesias".

El Espíritu Santo guió a Connie a Efesios 3.20-21, donde dice que Dios puede hacer las cosas mucho más abundantemente de lo que pedimos o imaginamos. "Me di cuenta de que estaba equivocada al limitar la voluntad de Dios y al desconfiar de la fe de mi esposo.

GUÍA DIARIA DE COMUNIÓN CON EL MAESTRO

JUAN 5.16-30

Qué me dijo Dios:

_____

_____

_____

_____

_____

_____

_____

Qué le dije yo a Dios:

_____

_____

_____

_____

_____

_____

_____

"Porque Dios es el que en vosotros produce así el querer como el hacer, por su buena voluntad" (Filipenses 2.13).

"No os conforméis a este siglo, sino transformaos por medio de la renovación de vuestro entendimiento, para que comprobéis cuál sea la buena voluntad de Dios, agradable y perfecta" (Romanos 12.2).

"Así que, hermanos, os ruego por las misericordias de Dios, que presentéis vuestros cuerpos en sacrificio vivo, santo, agradable a Dios, que es vuestro culto racional" (Romanos 12.1).

"Y manifiestas son las obras de la carne, que son: adulterio, fornicación, inmundicia, lascivia, idolatría, hechicerías, enemistades, pleitos, celos, iras, contiendas, disensiones, herejías, envidias, homicidios, borracheras, orgías, y cosas semejantes a estas; acerca de las cuales os amonesto, como ya os lo he dicho antes, que los que practican tales cosas no heredarán el reino de Dios. Más el fruto del Espíritu es amor, gozo, paz, paciencia, benignidad, bondad, fe, mansedumbre, templanza; contra tales cosas no hay ley. Pero los que son de Cristo han crucificado la carne con sus pasiones y deseos" (Gálatas 5.19-24).

"Con Cristo estoy juntamente crucificado, y ya no vivo yo, más vive Cristo en mí; y lo que ahora vivo en la carne, lo vivo en la fe del Hijo de Dios, el cual me amó y se entregó a sí mismo por mí" (Gálatas 2.20).

Luego Dios nos llamó a la iglesia donde actualmente servimos. Nunca pensé que Dios nos llamaría a una congregación tan afectuosa, tan orientada hacia la voluntad de Dios, tan sensible a las necesidades de los demás... ¡pero Dios siempre lo supo!" Connie declaró que su falta de fe verdaderamente podría haberles impedido conocer y hacer la voluntad de Dios y reconocer la dirección del Espíritu Santo.

DIOS PROPORCIONA LOS MEDIOS
Lea 1 Juan 2.15-17 a continuación.

"No améis al mundo, ni las cosas que están en el mundo. Si alguno ama al mundo, el amor del Padre no está en él. Porque todo lo que hay en el mundo, los deseos de la carne, los deseos de los ojos, y la vanagloria de la vida, no proviene del Padre, sino del mundo. Y el mundo pasa, y sus deseos; pero el que hace la voluntad de Dios permanece para siempre" (1 Juan 2.15-17).

Marque los elementos que más le impidan hacer la voluntad de Dios.
❑ naturaleza pecaminosa ❑ ambiente ❑ herencia genética

Aunque tal vez haya marcado más de una respuesta, los versículos de 1 Juan indican claramente que su naturaleza pecaminosa es el mayor impedimento para cumplir la voluntad de Dios. Hay otros elementos que también podrían predisponerlo. Tal vez provenga de una familia donde no se honraba a Cristo. Sin embargo, usted tiene la opción de hacer o no la voluntad de Dios. Su naturaleza pecaminosa es la responsable principal que le impide escuchar al Espíritu Santo y que evite hacer la voluntad de Dios.

¿Cómo entregarle toda su personalidad a Dios? ¿Significa que ha de perder su propia identidad? ¿Significa que se convertirá en un individuo pasivo y la vida le pasará por encima? ¿Significa que jamás volverá a tener conflictos con lo que Dios desea que usted haga? Incluso Jesús luchó cuando fue tentado. Sin embargo, a pesar de que usted tenga sus conflictos, Dios le proporcionará los medios para que se cumpla la voluntad de Él cuando usted le entregue toda su personalidad.

Lea los pasajes bíblicos en el margen. ¿Cómo Dios hace posible que usted le entregue cada parte de su personalidad a la voluntad de Él? El primer pasaje es el versículo para memorizar esta semana. Trate de recitarlo de memoria.

Voluntad (Filipenses 2.13): _____

Mente (Romanos 12.2): _____

Cuerpo (Romanos 12.1): _____

Emociones (Gálatas 5.19-24): _____

Vida (Gálatas 2.20): _____

He aquí algunas maneras como usted puede haber respondido: *Voluntad:* Dios obra en usted para proporcionar la voluntad y capacidad de hacer su voluntad. *Mente:* Dios renueva su mente para que usted pueda comprobar que la voluntad de Él es buena, agradable y perfecta. *Cuerpo:* Dios le dice que le presente su cuerpo como sacrificio vivo y como su servicio racional a Él; Jesús lo exhorta a orar porque el cuerpo es débil. *Emociones:* El Espíritu Santo produce el fruto del Espíritu en usted para reemplazar así las emociones y acciones perjudiciales. *Vida:* Cristo vive en usted cuando usted está crucificado con Él, y le brinda el poder de hacer su voluntad.

Lo siguiente es un resumen de lo que ha aprendido acerca de la voluntad de Dios:

El proceso de cumplir la voluntad de Dios se realiza por medio de:
- una visión del propósito de Dios para su vida;
- una entrega de toda su personalidad a Dios;
- acciones basadas en la provisión de Dios.

ESTUDIO DE LA PERSONALIDAD DEL DISCÍPULO

La Biblia lo describe a usted como un cuerpo y un alma. Lea las secciones tituladas "Cuerpo" y "Alma" (pp. 133-134) en el diagrama de la personalidad del discípulo.

Dibuje un círculo con la palabra *Dios* encima del mismo y la palabra *cuerpo* por debajo. A cada lado del círculo (por afuera), escriba los cinco sentidos: *vista, oído, olfato, gusto y tacto*. Ahora escriba la palabra *alma* en la parte superior del círculo, por dentro del mismo. Escriba *mente, voluntad* y *emociones* exactamente en el centro del círculo. Si necesita ayuda consulte el diagrama de la personalidad del discípulo (pp. 133-134). Al finalizar el presente estudio usted podrá dibujar el diagrama completo de la personalidad del discípulo y explicarlo con sus propias palabras.

GUÍA DIARIA DE COMUNIÓN CON EL MAESTRO

ÉXODO 4.1-17

Qué me dijo Dios:

_____

_____

_____

_____

_____

_____

_____

Qué le dije yo a Dios:

_____

_____

_____

_____

_____

_____

_____

_____

"Digo, pues: Andad en el Espíritu, y no satisfagáis los deseos de la carne.

Porque el deseo de la carne es contra el Espíritu, y el del Espíritu es contra la carne; y estos se oponen entre sí, para que no hagáis lo que quisiereis.

Pero si sois guiados por el Espíritu, no estáis bajo la ley.

Y manifiestas son las obras de la carne, que son: adulterio, fornicación, inmundicia, lascivia, idolatría, hechicerías, enemistades, pleitos, celos, iras, contiendas, disensiones, herejías, envidias, homicidios, borracheras, orgías, y cosas semejantes a estas; acerca de las cuales os amonesto, como ya os lo he dicho antes, que los que practican tales cosas no heredarán el reino de Dios. Más el fruto del Espíritu es amor, gozo, paz, paciencia, benignidad, bondad, fe, mansedumbre, templanza; contra tales cosas no hay ley. Pero los que son de Cristo han crucificado la carne con sus pasiones y deseos.

Si vivimos por el Espíritu, andemos también por el Espíritu" (Gálatas 5.16-25).

¿Qué pasa cuando usted cambia su imagen por la de Cristo? ¿Qué pasa cuando usted pone a un lado las inclinaciones de la persona natural y cada vez es más semejante a Cristo? El día 2 aprendió que Dios espera que usted llegue a ser como Cristo. Hoy aprenderá más sobre eso.

EN EL TALLER DEL CARPINTERO

Cuando piense en dejar a un lado viejos aspectos de su personalidad y comenzar a asemejarse a Cristo, imagine que está demoliendo una casa vieja y construyendo una nueva. ¿Qué va a demoler y reemplazar para parecerse más a Cristo? Pídale al Espíritu Santo que se lo muestre mientras lee el pasaje de Gálatas 5.16-25 en el margen.

Esta es una de las tres porciones bíblicas que ilustran lo que significa dejar la vida vieja y construir la vida nueva. Esta semana estudiará los otros dos pasajes.

A continuación aparecen algunos conceptos del pasaje de Gálatas que acaba de leer. Escriba una *V* junto a los conceptos que se apliquen a la vieja persona y escriba una *N* junto a los que describan una nueva persona en Cristo.

____ 1. Andar por el Espíritu.

____ 2. Satisfacer los deseos de la carne.

____ 3. Desear lo que es contra el Espíritu.

____ 4. Crucificar la carne.

____ 5. Vivir por el Espíritu.

____ 6. Ser guiado por el Espíritu.

____ 7. Producir el fruto del Espíritu.

Su vida cambiará a medida que vaya conociendo a Cristo más íntimamente. Deseará cumplir la voluntad de Dios, parecerse a Cristo y tener el carácter de Él. Las respuestas son 1.N, 2.V, 3.V, 4.N, 5.N, 6.N, 7.N.

 Deténgase y ore por la salvación de los amigos inconversos que los miembros del grupo mencionaron durante la primera sesión.

En este estudio usará la Guía diaria de comunión con el Maestro para anotar qué le dijo Dios y lo que usted le dijo a Dios. Tal vez quiera llevar un diario para tener más espacio para escribir. Le sugiero que use *Day by Day in God's Kingdom: A Discipleship Journal* [Día a día en el Reino de Dios: Diario del discipulado]. Este no sólo sugiere lecturas bíblicas para memorizar sino que también le proporciona espacio para anotar lo que usted experimente en su tiempo devocional.[1]

Hoy lea Éxodo 4.1-17 en su devocional. Vea qué le revela Dios mediante este pasaje acerca del conflicto que tuvo Moisés para hacer la voluntad de Dios. Luego complete la Guía diaria de comunión con el Maestro en la página 17.

DÍA 4

Él suple su necesidad

Cuando decida cumplir la voluntad de Dios, tal vez se sienta desamparado. Es posible que crea que necesita ser un teólogo. Quizás piense que sólo un pastor, un evangelista o alguien que estudie la Biblia y ore las 24 horas del día puede conocer la voluntad de Dios.

Sin embargo, las Escrituras dicen que Dios le proporcionará lo que necesite para cumplir su voluntad. Tanto Filipenses 4.19 como Romanos 8.28 ilustran cuán bien lo prepara Dios para que usted conozca su voluntad.

Lea los versículos del margen y describa lo que Dios ha prometido hacer.

Filipenses 4.19: _____

_____

Romanos 8.28: _____

_____

"Mi Dios, pues, suplirá todo lo que os falta conforme a sus riquezas en gloria en Cristo Jesús" (Filipenses 4.19).

"Y sabemos que a los que aman a Dios, todas las cosas les ayudan a bien, esto es, a los que conforme a su propósito son llamados" (Romanos 8.28).

Estos pasajes nos brindan la seguridad de que no se necesita un gran conocimiento para conocer la voluntad de Dios. Él suplirá sus necesidades y hará que todas las cosas ayuden a bien.

Describa una ocasión en la que Dios suplió sus necesidades a fin de que usted conociera su voluntad.

_____

Tal vez lea estos versículos y piense *si todas mis necesidades son satisfechas, entonces puedo lograrlo sin Dios.* Pero es imposible cumplir la voluntad de Dios por sí mismo. Sólo Dios puede hacer exactamente lo que Él se propone. Cumplir su voluntad requiere un proceso en el que Dios usa la provisión que le da a usted para hacer su obra. Los dos versículos que aparecen en el margen describen dicho proceso.

 Escriba el versículo para memorizar esta semana, Filipenses 2.13. Con sus propias palabras, describa cómo Dios cumple su voluntad en usted.

_____

Quizás haya respondido algo así: Dios obra en mí para que yo quiera hacer su voluntad. Él también me da la capacidad para cumplir su voluntad.

"Estando persuadido de esto, que el que comenzó en vosotros la buena obra, la perfeccionará hasta el día de Jesucristo" (Filipenses 1.6)

"Fiel es el que os llama, el cual también lo hará" (1 Tesalonisenses 5.24).

Vuelva a leer Filipenses 1.6 en el margen. ¿Cuál cree que es la buena obra que Cristo comenzó en usted?

_____

¿Cómo puede comprobar la fidelidad de Dios para completar esa buena obra en usted?

_____

Quizás piense que una de las buenas obras que Cristo comenzó en usted sea una nueva disposición para testificarle al mundo. Quizás usted haya comenzado a ver nuevas oportunidades para testificar en las que nunca antes había pensado. Tal vez haya comenzado a cultivar relaciones con personas que le brindarán oportunidades para testificar. Cristo promete que Él será fiel en completar la obra que comenzó en usted. Le encomienda la tarea de testificar, y para ello lo fortalecerá.

Piense en cinco personas a quien usted necesita testificar. Escriba los nombres de las mismas en su lista para el pacto de oración. (En *Vida discipular 1: La cruz del discípulo* usted aprendió a mantener dicha lista. Si todavía no ha comenzado a hacerla, use el formulario de la página 143 para comenzarla.) Si no puede recordar cinco personas inconversas, comience a cultivar su amistad con otros a fin de testificarles en el futuro.

Quizás desee cumplir la voluntad de Dios, pero es posible que surjan conflictos y dificultades. Por esa razón es importante seguir aprendiendo a integrar su personalidad bajo el señorío de Cristo. Al estudiar hoy la personalidad del discípulo, aprenderá que la Biblia lo describe a usted como un ser espiritual y comprenderá cómo la voluntad de Dios puede cumplirse auténticamente si usted vive entregado al Espíritu Santo.

ESTUDIO DE LA PERSONALIDAD DEL DISCÍPULO

Lea la sección titulada "Espíritu" (p. 134) en el diagrama de la personalidad del discípulo. Lea los dos versículos en el margen para aprender de qué manera la Biblia lo describe a usted como un ser espiritual.

En la página siguiente dibuje un círculo con espacios abiertos en las partes superior e inferior del círculo. Encima del mismo escriba la palabra *Dios* y debajo la palabra *cuerpo*. A cada lado del círculo (por afuera), escriba los cinco sentidos: *vista, oído, olfato, gusto y tacto*. En la parte superior del círculo, por dentro del mismo, escriba la palabra *alma*. Exactamente en el centro del círculo, en una línea escriba *mente*, *voluntad* y *emociones*. Escriba la palabra *espíritu* en forma vertical, comenzando por la apertura superior y terminando en el centro del círculo, donde se encuentra la palabra *voluntad*. Si necesita ayuda consulte el diagrama de la personalidad del discípulo (pp. 133 a 139). Al finalizar el

presente estudio usted podrá dibujar el diagrama completo de la personalidad del discípulo y explicarlo con sus palabras.

Cristo promete ser fiel en completar la obra que comenzó en usted.

EN EL TALLER DEL CARPINTERO

A medida que se asemeje más a Cristo, con la ayuda del Espíritu Santo, seguirá abandonando viejos aspectos de su personalidad y los seguirá reemplazando con aspectos de la nueva persona. Los versículos de Colosenses 3, que aparecen en el margen, ilustran la importancia de dejar atrás la vieja naturaleza y revestirse de la nueva naturaleza.

Lea el pasaje de Colosenses 3 en el margen. Subraye los conceptos que describan las tendencias de la vida vieja sin Cristo. Trace un círculo alrededor de los conceptos que describan las tendencias de la nueva vida con Cristo.

"Porque ¿quién de los hombres sabe las cosas del hombre, sino el espíritu del hombre que está en él? Así tampoco nadie conoció las cosas de Dios, sino el Espíritu de Dios" (1 Corintios 2.11).

"El Espíritu mismo da testimonio a nuestro espíritu, de que somos hijos de Dios" (Romanos 8.16).

Espero que este ejercicio haya destacado lo que debe sucederle para asemejarse a Cristo. Para la vida vieja, puede que haya subrayado frases como: "pero ahora dejad también vosotros todas estas cosas", "Haced morir, pues, lo terrenal en vosotros" y "habiéndoos despojado del viejo hombre con sus hechos". Con respecto a la nueva vida, puede que haya trazado un círculo alrededor de "buscad las cosas de arriba", "vestíos, pues, como escogidos de Dios, santos y amados, de entrañable misericordia, de benignidad, de humildad, de mansedumbre, de paciencia" y "sobre todas estas cosas vestíos de amor, que es el vínculo perfecto".

Hoy lea Job 42 en su devocional. Se trata de un pasaje que describe cómo Dios facilitó las necesidades de alguien que hizo su voluntad. Luego complete la Guía diaria de comunión con el Maestro en la p. 22.

A veces me preguntan: "¿Necesito estar solo para tener mi tiempo devocional? ¿Puedo hacerlo con mi cónyuge o mi familia?" Claro que hay excelentes modos de dedicarle tiempo al Maestro, como los devocionales familiares o los estudios bíblicos con un amigo. (En este estu-

"Si, pues, habéis resucitado con Cristo, buscad las cosas de arriba, donde está Cristo sentado a la diestra de Dios.

Poned la mira en las cosas de arriba, no en las de la tierra.

Porque habéis muerto, y vuestra vida está escondida con Cristo en Dios. Cuando Cristo, vuestra vida, se manifieste, entonces vosotros también seréis manifestados con él en gloria.

Haced morir, pues, lo terrenal en vosotros: fornicación, impureza, pasiones desordenadas, malos deseos y avaricia, que es idolatría; cosas por las cuales la ira de Dios viene sobre los hijos de desobediencia, en las cuales vosotros también anduvisteis en otro tiempo cuando vivíais en ellas.

Pero ahora dejad también vosotros todas estas cosas: ira, enojo, malicia, blasfemia, palabras deshonestas de vuestra boca.

No mintáis los unos a los otros, habiéndoos despojado del viejo hombre con sus hechos, y revestido del nuevo, el cual conforme a la imagen del que lo creó se va renovando hasta el conocimiento pleno, donde no hay griego ni judío, circuncisión ni incircuncisión, bárbaro ni escita, siervo ni libre, sino que Cristo es el todo, y en todos.

Vestíos, pues, como escogidos de Dios, santos y amados, de entrañable misericordia, de benignidad, de humildad, de mansedumbre, de paciencia; soportándoos unos a otros, y perdonándoos unos a otros si alguno tuviere queja contra otro. De la manera que Cristo os perdonó, así también hacedlo vosotros.

Y sobre todas estas cosas vestíos de amor, que es el vínculo perfecto" (Colosenses 3.1-14).

dio podrá aprender más sobre la oración conversacional.) Sin embargo, tales prácticas no pueden reemplazar el tiempo que usted le dedique a Cristo en forma individual. Kay Moore, que escribió conmigo este libro, ora y lee la Biblia con su esposo cuando despiertan cada mañana. En esa ocasión ambos ponen en manos del Señor las necesidades de su familia y buscan su dirección para ese día. Más tarde, antes de comenzar a trabajar en su escritorio, Kay tiene en privado su devocional con Dios. Su esposo Luis, tiene un devocional durante la hora de almuerzo en su oficina, después de comer.

Asegúrese de que su día incluya un tiempo devocional individual.

Pídale a Dios que lo ayude a seguir buscando el momento y lugar adecuados para cada día dedicarle a Él su tiempo devocional.

DÍA 5

Cierre la puerta a la carne

Quizás crea ser la única persona que tiene que luchar para conocer la voluntad de Dios. Tal vez piense que en tiempos bíblicos, las personas de quienes Dios se valió para cumplir sus propósitos automáticamente sabían lo que Dios deseaba que hicieran y que nunca tuvieron en cuenta sus propias preferencias. Quizás piense que vivían sin complicaciones porque escogieron los caminos de Dios.

Esta semana, los pasajes bíblicos para cada día destacan algunos personajes de la Biblia y los conflictos que tuvieron para cumplir la voluntad de Dios. En el estudio de hoy, usted examinará tres personajes más. En los pasajes del margen, de la página siguiente, leerá acerca de Moisés, Jesús y Pablo.

Moisés, Jesús y Pablo estuvieron dispuestos a sufrir para seguir la voluntad de Dios. Cada uno de ellos manifestó estos tres elementos para hacer la voluntad de Dios.

El proceso de cumplir la voluntad de Dios se realiza por medio de:
• Una visión del propósito de Dios para su vida;
• Una entrega de toda su personalidad a Dios;
• Acciones basadas en la provisión de Dios para cumplir su voluntad.

En el cuadro anterior, marque el elemento que considere más difícil en su esfuerzo por cumplir la voluntad de Dios.

CONFORMES A SU IMAGEN

Lea Romanos 8:29: "Porque a los que antes conoció, también los predestinó para que fuesen hechos conformes a la imagen de su Hijo, para que él sea el primogénito entre muchos hermanos". Este versículo dice que si se cumple la voluntad de Dios en su vida, usted será conformado a la imagen de Cristo, el Hijo de Dios. Usted obrará como Él, pensará como Él y tendrá la clase de relación con Dios y con otros que tuvo Cristo. Cristo será el centro de su vida y usted permitirá que el Espíritu Santo guíe su vida.

 Recite, en voz alta a un familiar o amigo íntimo, el versículo para memorizar esta semana en Filipenses 2.13. Dígale a esa persona cómo dicho versículo ha hecho que usted tenga un mejor conocimiento de la voluntad de Dios.

Aplique el versículo a su vida escribiendo una respuesta personal a cada uno de los siguientes conceptos.
La visión del propósito de Dios que tengo para mi vida es:

_____

Si dijera "yo entrego toda mi personalidad a Dios" eso significaría que:

_____

Sé que Dios proporcionará que yo cumpla su voluntad; por eso daré los siguientes pasos:

_____

_____

¿Qué le impide cumplir con esos tres compromisos? La persona natural es otra parte de la personalidad del discípulo. Si le damos un vistazo encontraremos una respuesta.

ESTUDIO DE LA PERSONALIDAD DEL DISCÍPULO
Hoy comenzará a estudiar otra parte de la personalidad del discípulo: la persona natural. Lea la sección titulada "La carne" (página 134) en el diagrama de la personalidad del discípulo.
La Biblia usa la palabra *carne* de dos maneras.

Lea los dos versículos que aparecen en la pág. 25 y describa las dos maneras en que tales versículos se refieren a la carne.

Romanos 6.12: _____

Gálatas 5.16-18: _____

El significado general del término *carne* es el cuerpo, al referirse al cuerpo físico. (Véase Romanos 6.12.) El otro significado es simbólico, al referirse a la naturaleza inferior. (Véase Gálatas 5.16-18.) Puede que también haya leído u oído la expresión *naturaleza pecaminosa* equiva-

GUÍA DIARIA DE COMUNIÓN CON EL MAESTRO
JOB 42

Qué me dijo Dios:

_____

_____

_____

_____

_____

_____

_____

Qué le dije yo a Dios:

_____

_____

_____

_____

_____

_____

_____

"Por la fe Moisés, hecho ya grande, rehusó llamarse hijo de la hija de Faraón, escogiendo antes ser maltratado con el pueblo de Dios, que gozar de los deleites temporales del pecado, teniendo por mayores riquezas el vituperio de Cristo que los tesoros de los egipcios; porque tenía puesta la mirada en el galardón.

Por la fe dejó a Egipto, no temiendo la ira del rey; porque se sostuvo como viendo al Invisible" (Hebreos 11.24-27).

"Y él [Jesús] se apartó de ellos a distancia como de un tiro de piedra; y puesto de rodillas oró, diciendo: Padre, si quieres, pasa de mí esta copa; pero no se haga mi voluntad, sino la tuya" (Lucas 22.41-42).

"Aunque yo tengo también de qué confiar en la carne. Si alguno piensa que tiene de qué confiar en la carne, yo más: circuncidado al octavo día, del linaje de Israel, de la tribu de Benjamín, hebreo de hebreos; en cuanto a la ley fariseo; en cuanto a celo, perseguidor de la iglesia; en cuanto a la justicia que es en la ley, irreprensible. Pero cuantas cosas eran para mí ganancia, las he estimado como pérdida por amor de Cristo" (Filipenses 3.4-8).

lente a *la carne*. Tal expresión se refiere a la capacidad humana de pecar y de seguir a Satanás en lugar de a Dios.

✝ Dibuje en una hoja las partes de la personalidad del discípulo que aprendió esta semana. Cierre el espacio abierto de la parte superior del círculo para cerrar la puerta del espíritu. Deje abierta la puerta de la carne en la parte inferior del círculo. Ahora trace dos líneas verticales paralelas que encierren las palabras *espíritu* y *voluntad* (para representar el centro de la persona). Escriba verticalmente la palabra *carne*, debajo de *voluntad*. Atraviese la palabra *espíritu* con una línea y escriba la palabra *Satanás* afuera del círculo, debajo de la palabra *cuerpo*. Luego escriba *1 Corintios 2.14* encima de la palabra *Dios* y escriba el título del dibujo: *La persona natural*. Si necesita ayuda consulte el diagrama de la personalidad del discípulo (pp. 133 a 139). Al finalizar el presente estudio usted podrá dibujar el diagrama completo de la personalidad del discípulo y explicarlo con sus palabras.

Lea ahora la sección "La condición actual de la persona natural" (p. 135) en la presentación del diagrama de la personalidad del discípulo. Tales enseñanzas lo ayudarán a entender por qué incluso las mejores intenciones de una persona natural a veces fallan cuando esa persona desea hacer lo correcto y aparentemente no puede lograrlo.

✛ **¿Cómo ha mantenido abierta la puerta de la carne en su vida? En otra hoja escriba las cosas que usted hace y que le desagradan a Dios. Confiésele sus pecados a Dios. Lea 1 Juan 1.9: "Si confesamos nuestros pecados, él es fiel y justo para perdonar nuestros pecados, y limpiarnos de toda maldad". Reconozca que Dios lo ha perdonado. Rompa o queme el papel donde escribió la lista como símbolo del perdón de sus pecados.**

Ore para que a medida que Dios obre a través del Espíritu Santo, lo ayude a cumplir los compromisos que escribió en las páginas 23-24 y le cierre la puerta a la carne, lo cual le impediría cumplir los deseos de la carne.

EN EL TALLER DEL CARPINTERO

En el margen, lea los versículos de Efesios para seguir aprendiendo cómo edificar un carácter semejante a Cristo. En la columna izquierda, escriba frases referidas a las acciones de la vieja persona. En la columna derecha, escriba frases que describan qué hace una nueva persona después de conocer a Cristo.

Vieja persona	Nueva persona
_____	_____
_____	_____
_____	_____

Con respecto a las acciones de la vieja persona, tal vez haya escrito frases como "ya no andéis como los otros gentiles", "despojaos del viejo hombre", "no contristéis al Espíritu Santo de Dios". En cuanto a lo que haría la nueva persona, tal vez haya escrito frases como "renovaos en el espíritu de vuestra mente, y vestíos del nuevo hombre", "creado según Dios en la justicia y santidad de la verdad", o "y andad en amor". Mientras usted aprende a vivir como Jesús, descubrirá que el proceder del mundo difiere muchísimo del modo de vivir cristiano.

Vestirse de la nueva persona quizás requiera que usted asuma nuevas actitudes hacia sus familiares.

✛ **Dedíquele tiempo a un familiar suyo, tal vez alguien con quien no haya hablado en mucho tiempo. Si la persona no vive en su localidad, llámela por teléfono o escríbale una carta.**

"No reine, pues, el pecado en vuestro cuerpo mortal, de modo que lo obedezcáis en sus concupiscencias" (Romanos 6.12)

"Digo, pues: Andad en el Espíritu, y no satisfagáis los deseos de la carne. Porque el deseo de la carne es contra el Espíritu, y el del Espíritu es contra la carne; y estos se oponen entre sí, para que no hagáis lo que quisiereis. Pero si sois guiados por el Espíritu, no estáis bajo la ley" (Gálatas 5.16-18).

"Esto, pues, digo y requiero en el Señor: que ya no andéis como los otros gentiles, que andan en la vanidad de su mente, teniendo el entendimiento entenebrecido, ajenos de la vida de Dios por la ignorancia que en ellos hay, por la dureza de su corazón; los cuales, después que perdieron toda sensibilidad, se entregaron a la lascivia para cometer con avidez toda clase de impureza.

Más vosotros no habéis aprendido así a Cristo, si en verdad le habéis oído, y habéis sido por él enseñados, conforme a la verdad que está en Jesús. En cuanto a la pasada manera de vivir, despojaos del viejo hombre, que está viciado conforma a los deseos engañosos, y renovaos en el espíritu de vuestra mente, y vestíos del nuevo hombre, creado según Dios en la justicia y santidad de la verdad.

Y no contristéis al Espíritu Santo de Dios, con el cual fuisteis sellados para el día de la redención. Quítense de vosotros toda amargura, enojo, ira, gritería y maledicencia, y toda malicia. Antes sed benignos unos con otros, misericordiosos, perdonándoos unos a otros, como Dios también os perdonó a vosotros en Cristo.

Sed, pues, imitadores de Dios como hijos amados. Y andad en amor, como también Cristo nos amó, y se entregó a sí mismo por nosotros, ofrenda y sacrificio a Dios en olor fragante" (Efesios 4.17-24,30—5.2).

GUÍA DIARIA DE COMUNIÓN CON EL MAESTRO

GÉNESIS 3.1-7

Qué me dijo Dios:

_____

_____

_____

_____

_____

_____

Qué le dije yo a Dios:

_____

_____

_____

_____

_____

_____

_____

Lea Génesis 3.1-7 en su devocional para hoy. Este pasaje relata algo que presentó problemas en la creación de Dios. Luego complete la Guía diaria de comunión con el Maestro en el margen.

¿QUÉ EXPERIENCIAS TUVO ESTA SEMANA?

Repase la sección "Mi andar con el Maestro en esta semana" al comienzo del material para esta semana. Con una línea vertical en el diamante, marque las actividades que haya completado. Termine toda actividad incompleta. Piense en lo que dirá durante la sesión de grupo acerca de su trabajo en tales actividades.

Para evaluar cuánto progresó esta semana, marque los cuadros que correspondan.

❑ Comprendo las funciones que cumplen el cuerpo, el alma y el espíritu en la conformación de mi personalidad absoluta.

❑ Comprendo la función que cumple la carne en mi personalidad a fin de sabotear mis buenas intenciones.

❑ En lugar de procurar lo que quiero, me esfuerzo por hacer la voluntad de Dios y desarrollar un carácter a la imagen de Cristo.

❑ La búsqueda de la voluntad de Dios en mis decisiones es parte fundamental de mi vida en el Espíritu.

❑ Realmente deseo parecerme a Jesucristo.

Mediante el estudio de esta semana, titulado "Hacer la voluntad de Dios", habrá comprobado que en su vida hay desafíos que requieren una constante vigilancia. Se trata de mantener cerrada la puerta de la carne y negarse a que Satanás encuentre apoyo. Desarrollar un devocional diario y regularmente dedicarle tiempo al maestro hace posible que el Espíritu Santo obre en su vida cuando sería más fácil mantener abierta la puerta de la carne.

---

[1]_Day by Day in God's Kingdom: A Discipleship Journal_ [Día a día en el Reino de Dios: Diario del discipulado] (art. 0-7673-2577-X) disponible en Customer Service Center, 127 Ninth Avenue, North, Nashville, TN 37234. Telf. 1-800-458-2772.

SEMANA 2

Renueve su mente

La meta de esta semana

Podrá renovar su mente mediante el poder transformador de la Palabra y el Espíritu Santo.

Mi andar con el Maestro en esta semana

Completará las siguientes actividades para desarrollar las seis disciplinas bíblicas. Después de terminar cada actividad trace una línea vertical en el diamante que aparece junto a la actividad.

DEDICARLE TIEMPO AL MAESTRO

◇ Tenga un devocional cada día y procure lograr la meta de hacerlo durante 21 días seguidos. Marque los días en que tenga su devocional esta semana.

❑ Domingo ❑ Lunes ❑ Martes ❑ Miércoles ❑ Jueves ❑ Viernes ❑ Sábado

VIVIR EN LA PALABRA

◇ Lea su Biblia diariamente. Escriba qué le dijo Dios y qué le dijo usted a Él.
◇ Memorice Romanos 12.1-2
◇ Repase Filipenses 2.13

ORAR CON FE

◇ Ore con un amigo, un familiar o su compañero de oración.
◇ Enséñele a alguien "Los principios de la oración conversacional".

TENER COMUNIÓN CON LOS CREYENTES

◇ Si es casado, salga a cenar con su cónyuge o dedíquele tiempo en privado. Si no es casado, salga con un amigo cercano. Hable de los asuntos que son más importantes para usted.

TESTIFICAR AL MUNDO

◇ Haga algo bondadoso por algún familiar inmediato o lejano que no conozca a Cristo.

MINISTRAR A OTROS

◇ Aprenda la parte del creyente carnal en la personalidad del discípulo.

Versículos para memorizar esta semana

"Así que, hermanos, os ruego por las misericordias de Dios, que presentéis vuestros cuerpos en sacrificio vivo, santo, agradable a Dios, que es vuestro culto racional. No os conforméis a este siglo, sino transformaos por medio de la renovación de vuestro entendimiento, para que comprobéis cuál sea la buena voluntad de Dios, agradable y perfecta" (Romanos 12.1-2).

DÍA 1

Decisiones equivocadas

Su mente se parece mucho a una grabadora de sonido o de video. Usted graba experiencias y pensamientos y los sigue escuchando aunque tenga otras opciones. Frecuentemente, tales "grabaciones" del pasado lo conducen una y otra vez a tomar decisiones equivocadas.

Pablo describió su situación en estas palabras: "Porque lo que hago, no lo entiendo; pues no hago lo que quiero, sino lo que aborrezco, eso hago. Y yo sé que en mí, esto es, en mi carne, no mora el bien; porque el querer el bien está en mí, pero no el hacerlo. Porque no hago el bien que quiero, sino el mal que no quiero, eso hago. Y si hago lo que no quiero, ya no lo hago yo, sino el pecado que mora en mí" (Romanos 7.15,18-20).

Al igual que yo, a veces usted se siente como Pablo: atrapado en una naturaleza pecaminosa que no quiere hacer la voluntad de Dios. Aunque desea hacer lo correcto, su mente pensará en hacer lo malo. Creo que el diablo repite grabaciones de las malas acciones. Como resultado, usted toma decisiones equivocadas una y otra vez.

En Romanos 7.25 Pablo proporcionó una respuesta a su dilema: "Gracias doy a Dios, por Jesucristo Señor nuestro[...]" Luego, en Romanos 8.1-2, agrega: "Ahora, pues, ninguna condenación hay para los que están en Cristo Jesús, los que no andan conforme a la carne, sino conforme al Espíritu. Porque la ley del Espíritu de vida en Cristo Jesús me ha librado de la ley del pecado y de la muerte".

El Espíritu Santo toma la Palabra de Dios y las palabras declaradas por Cristo, las cumple y las aplica a la vida suya.

Lea el pasaje de Juan 14.16-20 en el margen y responda las siguientes preguntas.

¿Por qué dijo Jesús que enviaría al Espíritu Santo?

_____

_____

¿Cómo dijo Jesús que los discípulos reconocerían al Espíritu Santo?

_____

_____

Jesús les dijo a los discípulos que enviaría al Espíritu Santo para proporcionarles la misma clase de ayuda, consuelo y enseñanza que Él les había facilitado en la tierra. Además les dijo que reconocerían al Espíritu

"Y yo rogaré al Padre, y os dará otro Consolador, para que esté con vosotros para siempre: el Espíritu de Verdad, al cual el mundo no puede recibir, porque no le ve, ni le conoce; pero vosotros le conocéis, porque mora con vosotros, y estará en vosotros. No os dejaré huérfanos; vendré a vosotros. Todavía un poco, y el mundo no me verá más; pero vosotros me veréis; porque yo vivo, vosotros también viviréis. En aquel día vosotros conoceréis que yo estoy en mi Padre, y vosotros en mí, y yo en vosotros" (Juan 14.16-20).

Santo porque viviría en ellos. El Espíritu Santo no camina simplemente a su lado, sino que verdaderamente vive en su corazón y vida.

El pasaje de Juan 14.26, que aparece en el margen, también describe al Espíritu Santo como un consejero, un maestro privado. En el estudio de esta semana usted descubrirá cómo permitir que el Espíritu Santo le renueve la mente. Cuando haya concluido el estudio de esta semana, podrá:

- Describir la diferencia entre la mente natural y la mente renovada;
- Explicar qué significa tener la mente de Cristo en usted;
- Describir el proceso de renovación de la mente;
- Identificar, por lo menos, tres maneras de tener una mentalidad más espiritual.

SIGA LA MENTE NATURAL

Cuando hablo de la mente natural me refiero al proceso mental que se limita a los recursos y razones humanas (véase 1 Corintios 2.14 en el margen). La historia de la humanidad demuestra que la mente natural poco a poco se vuelve autodestructiva si se la deja a merced de sus propios deseos.

Lea Efesios 4.17-18 en el margen. ¿Qué dicen estos versículos acerca de las personas que viven de acuerdo a su mente natural? Complete estas oraciones.

Su entendimiento está _____.

Andan en _____ de su mente.

Están apartados de Dios porque _____.

Son ignorantes debido _____.

Las personas que siguen su mente natural y viven de la manera en que dicha mente las guían, caminan en la oscuridad y su pensamiento es vano. Como consecuencia de sus corazones insensibles nace la ignorancia que las aparta de Dios. Viven vidas sin esperanza.

La mente natural inevitablemente se convierte en esclava de otros maestros. Romanos 1.28-31 dice: "Y como ellos no aprobaron tener en cuenta a Dios, Dios los entregó a una mente reprobada, para hacer cosas que no convienen; estando atestados de toda injusticia, fornicación, perversidad, avaricia, maldad; llenos de envidia, homicidios, contiendas, engaños y malignidades; murmuradores, detractores, aborrecedores de Dios, injuriosos, altivos, inventores de males, desobedientes a los padres, necios, desleales, sin afecto natural, implacables, sin misericordia". La mente natural esclaviza la personalidad del ser humano reduciéndola primordialmente al mundo de los sentidos y la maldad.

"Mas el Consolador, el Espíritu Santo, a quien el Padre enviará en mi nombre, él os enseñará todas las cosas, y os recordará todo lo que yo os he dicho" (Juan 14.26).

"Pero el hombre natural no percibe las cosas que son del Espíritu de Dios, porque para él son locura, y no las puede entender, porque se han de discernir espiritualmente" (1 Corintios 2.14).

"Esto, pues, digo y requiero en el Señor: que ya no andéis como los otros gentiles, que andan en la vanidad de su mente, teniendo el entendimiento entenebrecido, ajenos de la vida de Dios por la ignorancia que en ellos hay, por la dureza de su corazón" (Efesios 4.17-18).

¿De qué amo es usted esclavo? Medite en el pasaje de Romanos 1.28-31 que leyó anteriormente. ¿Puede identificarse con alguno de estos amos? Si es así, subraye el pecado con el cual está luchando.

"En los cuales el dios de este siglo cegó el entendimiento de los incrédulos, para que no les resplandezca la luz del evangelio de la gloria de Cristo, el cual es la imagen de Dios" (2 Corintios 4.4).

"Y como ellos no aprobaron tener en cuenta a Dios, Dios los entregó a una mente reprobada, para hacer cosas que no convienen" (Romanos 1.28).

"[...]disputas necias de hombres corruptos de entendimiento y privados de la verdad, que toman la piedad como la fuente de ganancia; apártate de los tales" (1 Timoteo 6.5).

"Nadie os prive de vuestro premio, afectando humildad y culto a los ángeles, entremetiéndose en lo que ha visto, vanamente hinchado por su propia mente carnal" (Colosenses 2.18).

Lea los versículos escritos al margen. Trace una línea entre cada una de las columnas que describen la mente natural y la cita de la Escritura de la columna derecha en la que se encuentra la palabra.

perversidad   2 Corintios 4.4
carnalidad   Romanos 1.28
ceguera   1 Timoteo 6.5
corrupción   Colosenses 2.18

Estos versículos enseñan claramente lo que le sucede a una persona cuya mente no es guiada por el Espíritu. Las palabras usadas para describir esa vida son horrorosas. Las respuestas correctas son: *perversidad*, Romanos 1.28; *carnalidad*, Colosenses 2.18; *ceguera*, 2 Corintios 4.4; *corrupción*, 1 Timoteo 6.5.

LA MENTE RENOVADA

El Espíritu Santo usa la Palabra de Dios para renovar la mente de una persona. La mente natural tiene las mismas funciones básicas: pensamiento, juicio, razonamiento y evaluación. La diferencia es quién controla dichos procesos.

Vuelva a la página 27 y lea los versículos para memorizar esta semana que están en Romanos 12.1-2. Comience a memorizarlos mientras reflexiona en lo que dicen sobre la mente renovada. Repase la página 112 de *Vida discipular 1: La cruz del discípulo* si necesita recordar los métodos de memorización.

La mente renovada obedece a Cristo. La mente natural piensa con una perspectiva tanto humanista como pecaminosa. La mente renovada libera la personalidad engrandeciéndola al abarcar el mundo del Espíritu además de los sentidos.

Ponga una *N* a las oraciones que describan la mente natural y una *R* a la que describe la mente renovada.
_____ 1. Poco a poco se vuelve destructiva
_____ 2. Se limita a razones y recursos puramente humanos
_____ 3. Piensa desde la perspectiva de Cristo, tal como lo guía el Espíritu Santo
_____ 4. Libera a la persona incorporando el Espíritu
_____ 5. Piensa desde una perspectiva carnal

La mente natural lleva a un camino de destrucción. No depende de la mente de Cristo sino que se limita a los recursos de la mente humana. El punto de vista carnal guía sus pensamientos. Por otra parte, la mente renovada piensa desde la perspectiva de Cristo guiada por el Espíritu Santo. Las respuestas correctas son: 1. N, 2. N, 3. R, 4. R, 5. N.

Cuando el Espíritu Santo rige su mente, usted obedece a Cristo. Usted piensa: *¿Qué haría Cristo en esta situación?*, tratando de entender hacia dónde lo está guiando el Espíritu Santo que vive dentro de usted como su maestro personal.

En contraste, los pensamientos carnales y mundanos dirigen la mente mundana y pecaminosa.

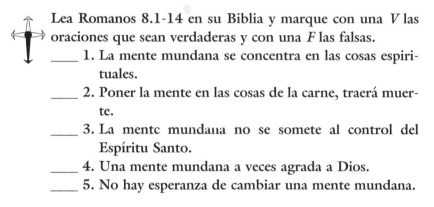 **Lea Romanos 8.1-14 en su Biblia y marque con una *V* las oraciones que sean verdaderas y con una *F* las falsas.**

    ____ **1. La mente mundana se concentra en las cosas espirituales.**

    ____ **2. Poner la mente en las cosas de la carne, traerá muerte.**

    ____ **3. La mente mundana no se somete al control del Espíritu Santo.**

    ____ **4. Una mente mundana a veces agrada a Dios.**

    ____ **5. No hay esperanza de cambiar una mente mundana.**

La mente mundana está controlada por Satanás, no por el Espíritu Santo. Si pone la mente en las cosas de la carne sin volverse a Cristo sólo atraerá muerte. Pero las personas que dejan de lado los caminos mundanos y vuelcan sus vidas y pensamientos a Cristo pueden conocer el perdón y el gozo. Usted puede tener una mente espiritual aún cuando una mente mundana lo haya dominado en el pasado. Las respuestas correctas son: 1. F, 2. T, 3. T, 4. F, 5. F.

En su devocional de hoy, lea nuevamente Romanos 8.1-14 el cual contrasta la mente mundana con la mente espiritual. Luego complete la guía diaria de comunión con el Maestro en el margen.

En la semana 1 se le pidió que le dedicara tiempo a un miembro de su familia. Esta semana vaya a comer afuera o planee un encuentro íntimo con su cónyuge, o si no está casado, con un amigo cercano. Hable sobre las cosas que son más importantes. A Satanás le encanta tener el control de sus relaciones, especialmente en el hogar. Pasar tiempo con su cónyuge o con un amigo cercano lo ayudará a alejarse del camino de la destrucción en su vida personal. Oro para que el Espíritu Santo lo guíe para darle más importancia a esta relación.

GUÍA DIARIA DE COMUNIÓN CON EL MAESTRO

ROMANOS 8.1-14

Qué me dijo Dios:

_____

_____

_____

_____

_____

_____

_____

Qué le dije yo a Dios:

_____

_____

_____

_____

_____

_____

_____

Dominado por la carne

"Y él os dio vida a vosotros, cuando estabais muertos en vuestros delitos y pecados, en los cuales anduvisteis en otro tiempo, siguiendo la corriente de este mundo, conforme al príncipe de la potestad del aire, el espíritu que ahora opera en los hijos de desobediencia, entre los cuales también todos nosotros vivimos en otro tiempo en los deseos de nuestra carne, haciendo la voluntad de la carne y de los pensamientos, y éramos por naturaleza hijos de ira, lo mismo que los demás" (Efesios 2.1-3).

"Pero Dios, que es rico en misericordia, por su gran amor con que nos amó, aun estando vosotros muertos en pecados, nos dio vida juntamente con Cristo (por gracia sois salvos), y juntamente con él nos resucitó, y asimismo nos hizo sentar en los lugares celestiales con Cristo Jesús, para mostrar en los siglos venideros las abundantes riquezas de su gracia en su bondad para con nosotros en Cristo Jesús. Porque por gracia sois salvos por medio de la fe; y esto no de vosotros, pues es don de Dios; no por obras, para que nadie se gloríe. Porque somos hechura en Cristo Jesús para buenas obras, las cuales Dios preparó de antemano para que anduviésemos en ellas" (Efesios 2.4-10).

Durante la semana 1, cuando estudió acerca de la persona natural, probablemente reconoció que esta persona no conoce a Cristo. Vive una vida sin Cristo que no ha sido regenerada.

Lea Efesios 2.1-3 en el margen y subraye las frases que describen cómo usted vivía anteriormente.

Lea Efesios 2.4-10 en el margen y subraye lo que Dios hizo por usted.

Antes de conocer a Cristo usted estaba muerto en sus pecados. Cuando se arrepintió de ellos y su pecaminosa manera de vivir y le pidió a Cristo que fuera su Señor y Salvador, Dios le dio vida junto con Cristo. Por Su gracia Él lo salvó y lo resucitó con Cristo. Ahora usted es hechura de Dios; creado en Cristo Jesús para hacer buenas obras.

No obstante, muchas personas que reciben a Cristo y tienen el Espíritu Santo viviendo en sus corazones, no viven según los designios de Dios. Por eso Pablo nos dice en Efesios 4.17-24 que ellos no han aprendido los caminos de Cristo y deben alejarse de esa manera de vivir.

EL CREYENTE MUNDANO

Si el creyente vive como el inconverso, es un creyente mundano. La Biblia llama a esa persona *carnal*. Se refiere a una persona que está dominada por la naturaleza humana en lugar de por el Espíritu de Dios. Pablo compara a los espirituales, que están bajo el control del Espíritu Santo, y los que son carnales, que están bajo el control de la carne. En 1 Corintios 3.1 se describe a los creyentes carnales así: "De manera que yo hermanos, no pude hablaros como a espirituales, sino como a carnales, como a niños en Cristo".

En 2 Pedro 1.3-4 está claro que Dios nos ha dado su poder: "Como todas las cosas que pertenecen a la vida y a la piedad nos han sido dadas por su divino poder, mediante el conocimiento de aquel que nos llamó por su gloria y excelencia".[3] Él le ha prometido la vida eterna. Le ha dado los recursos que necesita para vivir justamente. No obstante, unos versículos más adelante, en 2 Pedro 1.5, se nos dice que agreguemos ciertas cosas a la fe que Dios nos ha provisto.

En 2 Pedro 1.5-9, que aparece en el margen de la próxima página, subraye aquellas cosas que pueden agregarse a su fe.

Seguramente ha subrayado: virtud, conocimiento, dominio propio, paciencia, piedad, afecto fraternal y amor. Si usted se comporta como una persona mundana:

- No tendrá resultados efectivos ni productivos. Una persona mundana es perezosa y su fe no crece. Tampoco tiene una vida fructífera en Cristo.
- Será miope y débil. No podrá ver la verdad del Espíritu Santo, y escuchará solo las mentiras de Satanás.
- Se olvidará de que usted ha sido purificado. Esta persona no es sensible al pecado y no reconoce el perdón de Dios ni de Cristo.

Vuelva a leer los resultados que se dan en las personas cuando no crecen en su fe. Verifique los resultados que ve en su vida.

DOMINE SU MENTE

Dios nunca quiso que un creyente fuera carnal, aunque algunos lo sean. Quizás porque nadie los guió para desarrollarlos, todavía se dejan llevar por los deseos de la carne y no por los deseos espirituales. Cristo le da su salvación, pero usted es responsable de la manera como vive. También es responsable de usar los recursos de Dios y seguirlo a Él.

El Espíritu Santo quiere ser en su mente lo que es el timón en el barco. El timón mantiene al barco en su curso para que llegue a su destino. En 2 Corintios 10.3-5, en el margen, Pablo describe un plan de dos pasos para dominar la mente humana. Pablo describe un juego ofensivo y defensivo a la vez, que funcionó en su vida igual que funcionará en la suya. En este plan de juego defensivo usted vencerá las ideas mundanas que le impiden llegar al conocimiento de Dios. En el plan de juego ofensivo, usted le dejará a Cristo el control.

Esta semana aprenderá maneras específicas para renovar su mente venciendo las ideas mundanas y sometiendo cada pensamiento a Cristo.

 El versículo bíblico de esta semana apela a la renovación de su mente. Escríbalo de memoria en el margen. Luego describa la forma en que usted necesita renovar su mente.

Conocer el aspecto mundano de la personalidad del discípulo lo ayudará a visualizar lo que ha aprendido acerca de la mente mundana.

APRENDA LA PERSONALIDAD DEL DISCÍPULO

Lea la sección "El creyente carnal" (p. 136) en el diagrama de la personalidad del discípulo.

A continuación comience a hacer el dibujo del creyente carnal. Deje las puertas del espíritu y de la carne abiertas. Dibuje dos líneas verticales paralelas que atraviesen el círculo. Sobre el círculo escriba: El creyente carnal.

Sobre la letra "e" minúscula de espíritu, trace una "E" mayúscula. Vea el diagrama de la personalidad del discípulo (p. 133-139) si necesita ayuda. Cuando finalice este estudio podrá completar el dibujo de la personalidad del discípulo y explicarlo con sus propias palabras.

"Vosotros también, poniendo toda diligencia por esto mismo, añadid a vuestra fe virtud; a la virtud, conocimiento; al conocimiento, dominio propio; al dominio propio, paciencia; a la paciencia, piedad; a la piedad, afecto fraternal; y al afecto fraternal, amor. Porque si estas cosas están en vosotros, y abundan, no os dejarán estar ociosos ni sin fruto en cuanto al conocimiento de nuestro Señor Jesucristo. Pero el que no tiene estas cosas tiene la vista muy corta; es ciego, habiendo olvidado la purificación de sus antiguos pecados" (2 Pedro 1.5-9).

"Pues aunque andamos en la carne, no militamos según la carne; porque las armas de nuestra milicia no son carnales, sino poderosas en Dios para la destrucción de fortalezas, derribando argumentos y toda altivez que se levanta contra el conocimiento de Dios, y llevando cautivo todo pensamiento a la obediencia a Cristo" (2 Corintios 10.3-5).

Proceder del mundo

"Y manifiestas son las obras de la carne que son: adulterio, fornicación, inmundicia, lascivia, idolatría, hechicerías, enemistades, pleitos, celos, iras, contiendas, disensiones, herejías, envidias, homicidios, borracheras, orgías, y cosas semejantes a estas; acerca de las cuales os amonesto, como ya os lo he dicho antes, que los que practican tales cosas no heredarán el reino de Dios" (Gálatas 5.19-21).

"Haced morir, pues, lo terrenal en vosotros: fornicación, impureza, pasiones desordenadas, malos deseos y avaricia, que es idolatría; cosas por las cuales la ira de Dios viene sobre los hijos de desobediencia, en las cuales vosotros también anduvisteis en otro tiempo cuando vivíais en ellas" (Colosenses 3.5-7).

"Pero fornicación y toda inmundicia, o avaricia, ni aun se nombre entre vosotros, como conviene a los santos; ni palabras deshonestas, ni necedades, ni truhanerías, que no convienen, sino antes bien acciones de gracias. Porque sabéis esto, que ningún fornicario, o inmundo, o avaro, que es idólatra, tiene herencia en el reino de Cristo y de Dios" (Efesios 5.3-5).

Proceder del Espíritu

"Mas el fruto del Espíritu es amor, gozo, paz, paciencia, benignidad, bondad, fe, mansedumbre, templanza; contra tales cosas no hay ley" (Gálatas 5.22-23).

"Si, pues, habéis resucitado con Cristo, buscad las cosas de arriba, donde está Cristo sentado a la diestra de Dios. Poned la mira en las cosas de arriba, no en las de la tierra. Porque habéis muerto, y vuestra vida está escondida con Cristo en Dios" (Colosenses 3.1-3).

"Sed, pues, imitadores de Dios como hijos amados. Y andad en amor, como también Cristo nos amó, y se entregó a sí mismo por nosotros, ofrenda y sacrificio a Dios en olor fragante" (Efesios 5.1-2).

EN EL TALLER DEL CARPINTERO

En la semana 1 aprendió la diferencia entre el viejo hombre y uno nuevo. Esta semana se concentrará en cómo cambiar su carácter con la ayuda del Espíritu Santo.

Lea las Escrituras en el margen que se relacionan con el pensamiento inmoral e impuro. De los versículos titulados "Proceder del mundo" identifique conductas específicas de las cuales quiera deshacerse. De los versículos titulados "Proceder del Espíritu" identifique una acción con la que quiera reemplazarla. Cada día de la semana anotará su progreso con respecto a esto. Si cree que es demasiado personal para escribirlo aquí, hágalo en otro lugar, pero por favor aplique este cambio a su vida.

Aquí tiene un ejemplo:

Conducta que deseo modificar: Pensamientos o actos sexuales impuros

Conducta que desarrollaré para deshacerme de mi vieja naturaleza: Dejar de mirar materiales sexuales explícitos.

Conducta que dejaré que el Espíritu Santo modele según Cristo: Memorizar versículos que me lleven a tener una mente y un corazón puros.

Ahora, inténtelo usted.

Conducta que deseo modificar: _____

Una conducta que desarrollaré para deshacerme de mi vieja naturaleza: _____

Una conducta que dejaré que el Espíritu Santo modele según Cristo: _____

EL DESEO DE CAMBIAR

Una palabra acerca de la conducta anterior: *No podemos cambiarla de la noche a la mañana*. No se desanime si no ve resultados inmediatos. Pero a medida que le pida al Señor que renueve su mente y se consagre a Él, verá los cambios que desea. Si necesita una referencia rápida acerca de cómo renovar su mente, vea la lista en el margen de la página 44. Puede copiarla y tenerla donde más le convenga.

Vea cómo ser amable con algún miembro de su familia que no conozca a Cristo. Prepárese para contar esta experiencia en la próxima sesión de grupo.

En su devocional de hoy, lea Efesios 2.1-10. Este es un pasaje que explica cómo tenemos vida en Cristo. Luego complete la guía diaria de comunión con el Maestro.

DÍA 3

Reemplace sus pensamientos

Durante muchos años Jimmie y Edna Harrison fueron miembros de una iglesia. Sin embargo, encontraban muy difícil consagrarse al Señor en todos los aspectos de su vida. Darle prioridad a la iglesia antes que a sus horarios de trabajo era un verdadero desafío. Pero cuando Jimmie se enteró de que en su iglesia iba a comenzar el curso de *Vida discipular*, se sintió interesado y le pidió a Edna que lo acompañara. Edna aceptó, pero a regañadientes.

Cuando el grupo comenzó a estudiar sobre el creyente carnal, y la necesidad de renovar sus mentes, el Espíritu Santo comenzó a obrar en la vida de Edna. El líder informó: "Comenzó a reconocerse como una creyente carnal que sólo pensaba en sí misma, y Dios comenzó a obrar en ella. *Vida discipular* se volvió un motivo de gozo y Edna ansiaba que llegara la próxima semana para aprender más. Era una persona transformada".

GUÍA DIARIA DE COMUNIÓN CON EL MAESTRO

EFESIOS 2.1-10

Qué me dijo Dios:

_____
_____
_____
_____
_____
_____
_____

Qué le dije yo a Dios:

_____
_____
_____
_____
_____
_____
_____

Su objectivo es pensar y actuar con la mente de Cristo.

LA MENTE DE CRISTO

Como creyente, usted tiene el objectivo de pensar y actuar con la mente de Cristo. En Filipenses 2.5 Pablo dice: "Haya, pues, en vosotros el mismo sentir que hubo también en Cristo Jesús". En 1 Corintios 2.16 dice: "Porque ¿quién conoció la mente del Señor? ¿Quién le instruirá? Mas nosotros tenemos la mente de Cristo".

En 1 Corintios 2.16, ¿qué dice Pablo que tienen los creyentes?

_____

Pablo dice que los creyentes tienen la mente de Cristo. ¿Puede usted decir sinceramente que desea tener la mente de Cristo?
❏ **Sí** ❏ **No**

Idealmente, pudo contestar a esta pregunta con un sí. Usted sinceramente puede desear ser como Cristo y tener su mente. Pero, ¿cómo se logra? Al renovar su mente logrará llenarla con los pensamientos de Cristo.

Verifique las oraciones que explican lo que significa tener la mente de Cristo:
❏ **1. Hacer que los pensamientos sean obedientes a Cristo**
❏ **2. Ejercitar la habilidad de pensar espiritualmente**
❏ **3. Tener un alto coeficiente de inteligencia**
❏ **4. Ver las cosas desde el punto de vista de Cristo**
❏ **5. Meditar en cómo dejar la mente en blanco**

Procure ver las cosa como Cristo las vería.

Si piensa como Cristo lo haría, está tratando de ver las cosas desde la perspectiva en que Cristo las vería, y le está permitiendo a Él, y no a Satanás, ser quien domine su mente. Tener un alto coeficiente de inteligencia y meditar cómo dejar la mente en blanco no tienen nada que ver con tener la mente de Cristo. Todo creyente tiene la mente de Cristo, pero no todos eligen regirse por ella. Las respuestas correctas son: 1, 2 y 4.

Basándose en lo que ha aprendido hasta aquí, complete los espacios en blanco con una de las palabras que describen cómo Cristo puede dominar su mente.
    renovar   pensamiento   mente   conocimiento

Quitar todos los obstáculos que le impiden el _____
de Dios

Hacer que cada _____ **sea obediente a lo que Cristo enseñó**

Poseer la _____ de Cristo

_____ su mente

Usted puede hacer que Cristo domine su mente al quitar todos los obstáculos que le impiden el conocimiento de Dios, al hacer que cada pensamiento sea obediente a lo que Cristo enseñó, al poseer la mente de Cristo y al renovar su mente.

 ¿Qué dicen los versículos de esta semana acerca de renovar la mente? Dígalos en voz alta, de una a tres veces, para continuar memorizándolos. Repáselos.

EL PROCESO DE RENOVACIÓN

Para renovar su mente, debe llenarla con las Escrituras y reemplazar cada pensamiento malo con uno bueno. Cuánto más viva en la Palabra, más se renovará su mente.

Las Escrituras del margen le darán más instrucciones sobre cómo Cristo renueva su mente. Lea los versículos y establezca la relación entre la columna de la izquierda y la de la derecha.

____ 1. Colosenses 3.2   a. Pensar en cosas dignas de alabar.

____ 2. Romanos 8.5-6   b. Prestarle atención a las cosas del Espíritu.

____ 3. Juan 16.13   c. Dejar que el Espíritu Santo lo guíe a la verdad.

____ 4. Salmos 1.2   d. Dejar que los deseos de su corazón estén en las cosas celestiales.

____ 5. Filipenses 4.8   e. Meditar en la Palabra de Dios.

No permita que su mente tenga pensamientos impíos; en lugar de eso, piense en cosas sanas, como la Palabra de Dios. Cuando se de cuenta que tiene pensamientos impíos, piense en ellos como una luz de emergencia, roja e intermitente, avisándole que cambie sus pensamientos a algo espiritual. Las respuestas correctas son: 1. d, 2. b, 3. c, 4. e, 5. a.

Aquí tiene un modo práctico de activar la mente de Cristo cuando se vea tentado a actuar de manera impía.

PARA ACTIVAR LA MENTE DE CRISTO
1. Recuerde que Jesús fue tentado en cada una de las formas en que usted es tentado, y que se sobrepuso a la tentación (véase Hebreos 4.15).
2. Ore para tener gracia en los momentos de necesidad (véase Hebreos 4.16).
3. Exprese humildad, arrodillándose (véase Filipenses 2.5-11).
4. Adopte la actitud de Dios y elija su respuesta a la tentación.

"Poned la mira en las cosas de arriba, no en las de la tierra" (Colosenses 3.2).

"Porque los que son de la carne piensan en las cosas de la carne; pero los que son del Espíritu, piensan en las cosas del Espíritu" (Romanos 8.5-6).

"Pero cuando venga el Espíritu de verdad, él os guiará a toda la verdad; porque no hablará por su propia cuenta, sino que hablará todo lo que oyere, y os hará saber las cosas que han de venir" (Juan 16.13)

"Sino que en la ley de Jehová está su delicia, y en su ley medita de día y de noche" (Salmos 1.2).

"Por lo demás, hermanos, todo lo que es verdadero, todo lo honesto, todo lo justo, todo lo puro, todo lo amable, todo lo que es de buen nombre; si hay virtud alguna, si algo digno de alabanza, en esto pensad" (Filipenses 4.8).

GUÍA DIARIA DE COMUNIÓN CON EL MAESTRO

FILIPENSES 2.5-11

Qué me dijo Dios:

_____

_____

_____

_____

_____

_____

Qué le dije yo a Dios:

_____

_____

_____

_____

_____

_____

_____

5. Pídale al Espíritu Santo que le indique la manera de lidiar con la tentación.
6. Pídale a Dios que esté a su lado cuando esté pasando por la tentación.
7. Vea qué pasaje de la Escritura lo ayudará en la tentación.
8. Pídale a Dios que lo ayude a mantenerse en su voluntad (véase Filipenses 2.13).
9. Esté conciente de la tentación y pídale perdón a Dios por haber pensado en aquello pecaminoso (véase 1 Juan 1.9).
10. Obedezca los mandatos de Dios, sabiendo que usted está en una guerra espiritual (véase Romanos 8.26-27).

EN EL TALLER DEL CARPINTERO

¿Cómo está progresando en su empeño para dejar de lado la vieja naturaleza y reemplazarla por la nueva?

Ayer usted hizo una lista de hábitos que quiere abandonar para edificar su carácter cristiano. Describa algún momento en que lo haya logrado.

_____

_____

_____

_____

Mientras continúa el proceso de abandonar su vieja naturaleza, y asemejarse más a Cristo, espero que diariamente esté empleando tiempo con el Señor. Llevar un diario de notas, usando la guía diaria de comunión con el Maestro en los márgenes de este libro. Llevar ese método a un cuaderno de notas, puede ayudarlo a examinar qué le dice Dios y qué usted tiene para decirle. Además de mi lectura bíblica diaria, reflexiono durante una o dos horas por día, cada semana, sobre lo que Dios tiene que decirme en esa semana. Cada mes, tomo medio día o uno completo para evaluar qué me ha dicho Dios durante ese mes. A menudo, reconozco que durante un mes Dios me ha venido diciendo algo de lo cual acabo de tener conciencia. Esta práctica me ha mantenido obediente a Dios en cuanto a lo que Él quiere para mí.

Lea Filipenses 2.5-11 durante su devocional. Vea de qué manera Dios le está hablando por medio de este pasaje acerca de tener la mente de Cristo. Espero que continúe con su meta de mantener sus devocionales durante 21 días consecutivos. Luego complete la guía diaria de comunión con el Maestro.

DÍA 4

Piense como Cristo

Tal vez piense: *¿Será posible que yo, un pecador, tenga la mente de Cristo? Puedo imaginarme a algún famoso evangelista pensando como lo haría Cristo, pero no a mí. ¿No sería presuntuoso creer que puedo pensar como Cristo?*

USTED TIENE LA MENTE DE CRISTO

Creer que usted tiene la mente de Cristo no es presuntuoso. Recibimos la mente de Cristo cuando recibimos la salvación (véase 1 Corintios 2.16 en el margen). Dios lo creó tal como Jesús. Romanos 8.29 dice: "Porque a los que antes conoció, también los predestinó para que fuesen hechos conformes a la imagen de su Hijo, para que él sea primogénito entre muchos hermanos". Hebreos 2.10 dice que Dios está en el proceso "de llevar muchos hijos a la gloria". La gloria que usted tiene es la gloria de ser como el perfecto Hijo de Dios, Jesucristo. Filipenses 2.5, que leyó ayer en el devocional, le recuerda que usted tiene la mente de Cristo. Si esto fuera imposible, ¿se lo recordaría la Biblia? ¿Cómo, entonces, podrá pensar como Cristo? Conociéndolo, escuchándolo y aprendiendo de su verdad.

¿De qué libro puede obtener información acerca de Cristo, escucharlo y aprender su verdad?

_____

Lea Juan 8.31-32 en el margen o dígalo de memoria, ¿ya lo ha aprendido en su estudio de *Vida discipular 1: La cruz del discípulo*? Vivir en la verdad de Dios, ¿qué hace por la mente esclavizada?

_____

Vivir en la verdad de Dios, la Biblia, es la fuente principal del conocimiento de Cristo. La Palabra revela su verdad. A medida que permanecemos o guardamos la Palabra, Él nos habla por medio del Espíritu Santo. Una de las funciones del Espíritu Santo es demostrarle la verdad. Su verdad libera la mente de la esclavitud.

Viva en la Palabra de Dios ocupándose de los versículos para memorizar esta semana en Romanos 12.1-2. Escríbalos en el margen.

"Porque ¿quién conoció la mente del Señor? ¿Quién le instruirá? Mas nosotros tenemos la mente de Cristo" (1 Co 2.16).

"Si vosotros permaneciereis en mi palabra, seréis verdaderamente mis discípulos; y conoceréis la verdad, y la verdad os hará libres" (Juan 8.31-32).

GUÍA DIARIA DE COMUNIÓN CON EL MAESTRO

LUCAS 4.14-21

Qué me dijo Dios:

_____
_____
_____
_____
_____
_____

Qué le dije yo a Dios:

_____
_____
_____
_____
_____
_____
_____

¿Qué término usó Jesús en Juan 8.31-32 para describir a la persona que permanece en su palabra?
seguidores   discípulos   convertidos   pecadores

Una persona que permanece en su Palabra es su discípulo. Estos versículos dicen que usted será su discípulo si permanece en su Palabra.

Tener su devocional diario es la manera de continuar en su Palabra. Una de las metas es moldear su personalidad como la de Cristo en 21 devocionales consecutivos. Si pierde un día, comience nuevamente. Durante el devocional lea Lucas 4.14-21, cuando Jesús leyó las Escrituras sobre la voluntad del padre para Él. Luego complete la guía diaria de comunión con el Maestro en el margen.

Use las siguientes preguntas para evaluar cuánto se renovó su mente diariamente.

¿Es usted realmente discípulo de Jesús? ❑ Sí ❑ No   De ser así, ¿cómo lo sabe? Repase 1 Corintios 2.16 y Juan 8.31 en el margen de la página 39 y describa cómo sabe que es un discípulo de Cristo.
_____

Si usted es un discípulo de Jesús, ¿qué fuente de poder renueva su mente diariamente?
_____

¿Está deseando comprometerse para hacer de la Palabra de Dios una parte de su vida diaria? ❑ Sí ❑ No   De ser así, escriba una meta que se haya propuesto.
_____

EN EL TALLER DEL CARPINTERO
¿Demuestra su carácter que tiene una mente renovada? ¿Qué progreso está haciendo en cuanto a cambiar su vieja naturaleza y desarrollar un carácter nuevo con la ayuda del Espíritu Santo?

Ayer describió una conducta que quiere abandonar para edificar su carácter cristiano. Hoy, describa una cualidad cristiana nueva que pueda agregar a su vida.
_____

PIDA EN ORACIÓN TENER EL CARÁCTER DE CRISTO
Una manera de desarrollar un carácter semejante a Cristo es pedirles a otros que oren con usted al respecto. Uno de los métodos más efectivos y alentadores es orar con los demás en forma conversacional. Valerse de la oración conversacional ha servido para que numerosos grupos ten-

gan un genuino avivamiento en todo el mundo.

La oración conversacional es un grupo hablando juntos con Dios. En un grupo de oración conversacional cada persona menciona algún motivo, luego alguien más agrega algo al respecto. Cuando el tema llega a su conclusión, otra persona menciona un asunto nuevo. Los siguientes principios lo ayudarán a experimentar la oración de una forma nueva y hasta emocionante.

Lea los siguientes principios para la oración conversacional. Haga un asterisco al lado de cada uno de los aspectos de la oración conversacional que encuentre más desafiantes. Pídale a Dios que lo ayude a lograrlo.

PRINCIPIOS PARA LA ORACIÓN CONVERSACIONAL

1. Reconozca que Dios está en el grupo, y que usted, como participante, está conversando con Él. Algunos grupos hasta colocan una silla vacía en medio de ellos para recordar que Él está presente.

2. Ore por un motivo a la vez. Nadie debe comenzar a orar por otro asunto hasta que todos hayan tenido la oportunidad de orar por el presente motivo. No le tema al silencio. Usted podrá discernir cuándo es el momento de pasar a otro motivo de oración. No hable sobre el tema del motivo de oración ni haga listas, solamente ore.

3. Ore brevemente. Una o dos frases por persona es suficiente. De esta manera todos pueden participar en la oración conversacional.

4. Hable normalmente. No use términos formales, ni diga *amén* cuando termine cada oración. Aunque se ore en grupo, sigue siendo una sola oración.

5. Refiérase a usted mismo en la oración, usando palabras como: te pido, quiero que..., mi necesidad, etc., en lugar de te pedimos, queremos que..., nuestra necesidad. Los creyentes nuevos generalmente usan esta forma de expresarse.

6. Sea específico en las peticiones y en la confesión de pecados. Si usted es específico, Dios ayudará a las demás personas a orar de la misma forma que usted. Tal vez alguien diga: "Ayúdame con mi orgullo". Otro puede decir: "Señor, ayúdame también a mí porque tengo ese mismo problema". Las personas no reconocen muchas respuestas a las oraciones porque no hicieron peticiones específicas.

7. Continúe la conversación mientras el grupo así lo desee o el tiempo lo permita. Quizás alguien necesite retirarse por unos momentos. Ore con sus ojos abiertos si le es cómodo. Juan 11.41 nos dice que Jesús lo hizo así. Tal vez, necesite cerrar sus ojos para concentrarse en el Señor. Permita que Dios le hable mientras usted habla con Él.

Reconozca que Dios está también en su grupo.

Sea específico en las peticiones y las confesiones de pecado.

Ore con un amigo, un familiar, o su compañero de oración y enséñele a esa persona los principios para la oración conversacional. Escriba el día y la hora en que planea hacerlo:

_____

Deténgase y ore. Pídale a Dios que lo ayude con las áreas desafiante que describió, y que tiene marcadas con los asteriscos, en las "Principios para la oración conversacional". Pídale a Dios que haga de la oración conversacional una experiencia gratificante en su vida espiritual.

DÍA 5

Recuerde quién es usted

Usted tiene la mente de Cristo y puede pensar como Él.

Esta semana estudió qué dice la Biblia acerca de la necesidad de renovar su mente. Ha aprendido que tiene la mente de Cristo y que puede pensar como Él. Pero, ¿cómo se aplica esta habilidad en el trabajo, con la familia, en su vida, su iglesia y los cambios cotidianos?

Lea los siguientes casos y explique cómo cada persona podría renovar su mente.

Liliana y su esposo, Francisco, estaban llenos de deudas. Las tarjetas de crédito y los préstamos los tenían atrapados. Cada uno tenía dos trabajos para, tan solo, cumplir a fin de mes. Al final del día, ambos estaban tan cansados que no tenían energías para dedicarse a sus dos niños. La debilidad de Liliana era la compra de artículos por catálogo. No podía resistir la tentación de ordenar algo. Cuando cargaba la cuenta a una tarjeta, la familia se endeudaba aún más. ¿Cómo podría Liliana renovar su mente?

_____

_____

Antonio había estado tres meses sin trabajo y se sentía muy avergonzado. Su esposa trataba de apoyarlo en el hogar, pero a veces lo criticaba, y esto lo hacía sentir peor. Un día, mientras él corría por el parque, como acostumbraba a hacer diariamente, se encontró con una mujer atractiva y comenzaron a hablar. Cuando Antonio le comentó que estaba sin trabajo, ella se compadeció de él. Antonio pronto se dio cuenta que cada día pensaba más y más en el encuentro con esta mujer y la manera en que ella lo alentaba. ¿Qué podría hacer Antonio para renovar su mente?

_____

_____

Luis participaba activamente en el programa evangelístico de su iglesia. Recientemente su equipo experimentó el mayor alcance de inconversos. Durante las últimas cinco semanas una o más personas habían entregado su vida a Cristo, gracias a la visita de Luis. La iglesia comenzó a oír acerca de él y el pastor lo elogió en uno de sus sermones. Luis pensó que su éxito en el testimonio lo ayudaría a ser elegido presidente de los diáconos. Comenzó a disfrutar de los halagos de la iglesia, y se volvió orgulloso. ¿Qué ayudaría a Luis a renovar su mente?

_____

_____

Quizás haya contestado algo así:

Liliana podría renovar su mente reconociendo cuál es su tentación y descartando los catálogos antes de mirarlos. Podría reemplazar las ganas de comprar cosas por las ganas de aprender principios bíblicos acerca de las posesiones materiales y desarrollar un plan específico para reducir las deudas de la familia.

Antonio podría renovar su mente cambiando la hora o lugar en que corre para evitar una situación que lleve su matrimonio a la ruina. Podría orar para que el Espíritu Santo le demuestre la manera de fortalecer su matrimonio, dedicando más tiempo a su esposa, hablando honestamente sobre el asunto y buscando un consejero matrimonial cristiano que los ayude a pasar por esta experiencia difícil.

Luis podría renovar su mente pidiéndole al Espíritu Santo que lo ayude a leer la Biblia para aprender las razones por las cuales debemos testificar. Mientras lee Filipenses 2.5-8, podría dejar que la mente de Cristo le enseñara cómo ser humilde.

REEMPLACE LOS VIEJOS PENSAMIENTOS

Lea en el margen qué dice la Biblia acerca de la manera en que los pensamientos modelan nuestros deseos y acciones. Cuando reemplace los pensamientos dañinos por los que honren a Cristo, el concepto de usted mismo cambiará. Si constantemente está diciéndose: *No sirvo para nada*, probablemente comenzará a actuar de esa manera como por cumplimiento de una profecía. En cambio si piensa en el inmenso amor de Cristo por usted y en lo valioso que usted es para Él, comenzará a obrar como una persona de valor. Es posible renovar su mente reemplazando los pensamientos e ideas negativos acerca de sí mismo al recordar que

"Porque cual es su pensamiento en su corazón, tal es él" (Proverbios 23.7).

CÓMO RENOVAR SU MENTE
Aquí hay una referencia breve sobre cómo renovar su mente.

Mantenga una copia en su Biblia, su billetera o su cartera para que sea de fácil acceso.
- **Cante alabanzas.**
- **Memorice versículos bíblicos que se apliquen a su caso.**
- **Ore.**
- **Rinda cada pensamiento al señorío de Cristo.**
- **Ponga su mente en las cosas de arriba.**
- **Demuela las áreas dominantes de Satanás.**
- **Comprométase ante Dios a ser un sacrificio vivo para Él.**
- **Hable con un amigo.**
- **Ayude a alguien en necesidad.**
- **Pida tener la mente de Cristo.**

"De manera que yo, hermanos, no pude hablaros como a espirituales, sino como a carnales, como a niños en Cristo. Os di a beber leche, y no vianda; porque aún no erais capaces, ni sois capaces todavía, porque aún sois carnales; pues habiendo entre vosotros celos, contiendas y disensiones, ¿no sois carnales, y andáis como hombres?"
(1 Corintios 3.1-3).

Cristo murió por usted. Puede renovar su mente recordando quién es usted y a quién le pertenece.

Describa situaciones específicas en las que necesite renovar su mente.

_____

_____

Determine qué va a hacer para renovar su mente. Vea la lista de posibilidades que se mencionan en el margen. Repase sus respuestas y las que se sugieren en los casos de estudio expuestos anteriormente. Tal vez alguna de ellas se aplique a usted.

_____

_____

_____

Deténgase y ore. Pídale a Dios que le dé el valor de hacer lo que se propuso para renovar su mente.

Diga en voz alta los versículos para memorizar esta semana, Romanos 12.1-2, a alguien que piense que se beneficiaría al escucharlo. Explíquele a la persona de qué manera esos versículos lo alentaron a renovar su mente.

Sin lugar a dudas surgirán conflictos cuando quiera tener los pensamientos, las actitudes y las acciones de Cristo. ¿Por qué surge tal conflicto al tratar de tener la mente de Cristo? Veamos una vez más la parte de la personalidad del discípulo que corresponde al cristiano carnal y encontraremos la respuesta.

ESTUDIO DE LA PERSONALIDAD DEL DISCÍPULO
Lea 1 Corintios 3.1-3 en el margen. ¿Por qué dice Pablo que los creyentes de Corinto eran carnales en lugar de maduros?

_____

Pablo dijo a los creyentes de Corinto que aún no eran creyentes maduros porque entre ellos había celos y querellas. Si no permite que Cristo sea el Señor de su vida por medio del Espíritu Santo, usted es un creyente mundano. Aunque tiene a Cristo en su vida, aún está luchando para controlarla. Los creyentes mundanos, a pesar de ser hijos de Dios, aún están en la carne, permitiéndole a la vieja naturaleza que determine su manera de pensar, actuar y sentir, en vez de dejar que el Espíritu Santo los guíe. Usted vio esto cuando leyó los casos de Liliana, Antonio y Luis. Quizás también lo vea en usted.

✝ La parte del dibujo de la personalidad del discípulo que estudió en el día 2 aparece a continuación. Escriba 1 Corintios 3.1-3 debajo del encabezamiento "El creyente carnal". Cuando finalice este estudio podrá completar este dibujo y explicarlo en sus propias palabras.

El cristiano carnal

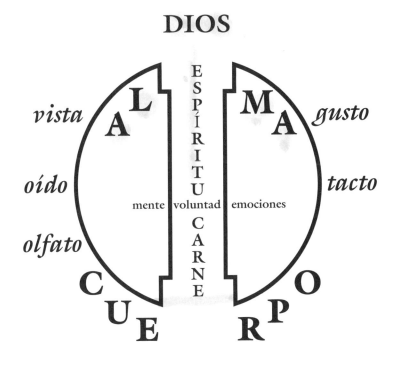

Abandonar los viejos patrones puede ser agobiante, pero no se desespere. Cristo quiere ser el Señor de su vida y darle la victoria cada día. El Espíritu Santo lo ayudará a renovar su mente. La semana 3 le dará más pasos positivos para considerar.

Bob Dutton, un instructor de *Masterlife* (versión en inglés de *Vida discipular*), se dio cuenta de las vidas mundanas de muchos creyentes norteamericanos cuando estaba enseñando el curso en Rusia, mientras el país aún tenía un gobierno totalmente ateo.

Bob lloró cuando dirigió estos inspirados creyentes rusos que habían sacrificado tiempo y bienes para asistir al cursillo.

Bob dijo: "Me siento avergonzado. He venido hasta aquí para ayudar a estos devotos cristianos a aprender más de la Biblia, y debo admitir que los cristianos en Norteamérica se preocupan más por ellos mismos que por seguir a Cristo. No es fácil admitir que nuestro gobierno excluye a Dios de sus decisiones mientras que yo estoy aquí sentado en un aula en Siberia enseñándoles a personas que han sufrido persecución y opresión".

Cristo quiere ser el Señor de su vida y darle cada día la victoria.

GUÍA DIARIA DE COMUNIÓN CON EL MAESTRO

GÉNESIS 50.15-21

Qué me dijo Dios:

_____

_____

_____

_____

_____

_____

Qué le dije yo a Dios:

_____

_____

_____

_____

_____

_____

_____

 Lea Génesis 50.15-21 durante su devocional. Medite en lo que Dios le dijo por medio de este pasaje que enfoca a alguien que ha reemplazado pensamientos impíos por pensamientos buenos. Luego complete la guía diaria de comunión con el Maestro en el margen.

EN EL TALLER DEL CARPINTERO
¿Cómo le ha ido esta semana al tratar de dejar de lado la vieja naturaleza para adoptar nuevas características y conductas?

Responda estas preguntas según lo que haya descrito en la página 35.

Una característica o conducta que quiero cambiar esta semana es:

_____

Algo que Cristo ha agregado a mi carácter en esta semana es:

_____

Deténgase y ore dando gracias a Dios por la ayuda que le brindó en las áreas que usted anotó. Pídale que le siga dando el valor y aliento necesario para lograr dichos cambios.

¿QUÉ EXPERIENCIAS TUVO EN ESTA SEMANA?
Repase la sección "Mi andar con el Maestro en esta semana" al comienzo del material de esta semana. Marque las actividades que haya completado con una línea vertical en el diamante. Termine toda actividad incompleta. Piense en lo que dirá durante la sesión de grupo acerca de su trabajo en tales actividades.

Como resultado del estudio "Renueve su mente" espero que haya comprendido que ser un creyente carnal lo aparta de ser lo que realmente Dios quiere que usted sea. Espero que la parte del cristiano carnal en el diagrama de la personalidad del discípulo lo ayude a identificar los puntos débiles de su vida espiritual. La habilidad para pensar con la mente de Cristo es crucial en su vida en el Espíritu. Permitir que los pensamientos que glorifiquen a Cristo reemplacen a los pensamientos carnales y mundanos es un desafío al que la mayoría de los creyentes se enfrentan. El Espíritu Santo está con usted para ayudarlo a renovar su mente. Usted no tiene que ser víctima de los ataques de Satanás para que adopte actitudes destructivas. Satanás es derrotado cada vez que usted deja de lado sus pensamientos y los reemplaza por aquellos que agradan a Cristo.

SEMANA 3

Domine sus emociones

La meta de esta semana
Aplicar una línea de conducta para dominar las emociones.

Mi andar con el Maestro en esta semana
Completará las siguientes actividades para desarrollar las seis disciplinas bíblicas. Cuando haya completado cada actividad trace una línea vertical en el diamante que está junto a la actividad.

DEDICARLE TIEMPO AL MAESTRO
◇ Tenga un tiempo devocional cada día y procure lograr la meta de hacerlo durante 21 días seguidos. Marque los días en que tenga su devocional esta semana. ❑ Domingo ❑ Lunes ❑ Martes ❑ Miércoles ❑ Jueves ❑ Viernes ❑ Sábado

◇ Un día durante su tiempo devocional, sostenga en la mano el clavo que le entregó su líder durante la sesión de grupo.

VIVIR EN LA PALABRA
◇ Lea su Biblia diariamente. Escriba qué le dijo Dios y qué le dijo usted a Él.
◇ Memorice Gálatas 5.22-23
◇ Repase Filipenses 2.13 y Romanos 12.1-2
◇ Lea "Cómo escuchar la Palabra de Dios"
◇ Escriba los puntos importantes de un sermón en el formulario titulado "Escuchemos la Palabra".

ORAR CON FE
◇ Ore por su familia, parientes y amigos.

TENER COMUNIÓN CON LOS CREYENTES
◇ Vaya a tomar un café o una soda con alguien que no le caiga bien o a quien usted no le caiga bien.

TESTIFICAR AL MUNDO
◇ Lea la sección titulada "Bosquejo del testimonio" y escriba la información que usará en su testimonio.

MINISTRAR A OTROS
◇ Aprenda la parte del cristiano espiritual en la personalidad del discípulo.

Versículos para memorizar esta semana
"Más el fruto del Espíritu es amor, gozo, paz, paciencia, benignidad, bondad, fe, mansedumbre, templanza; contra tales cosas no hay ley" (Gálatas 5.22-23).

DÍA 1

Un regalo de Dios

Con frecuencia mi padre relataba haber tenido un terrible temperamento en su juventud. A menudo estallaba en ira, incluso después de haber recibido a Cristo a los 19 años. Una y otra vez luchó para guardar la calma y observar una actitud que honrara a Cristo.

Después de mucha oración y estudio bíblico, mi padre comenzó a notar un cambio en sus reacciones a ciertas situaciones. Una noche un hombre lo amagó con el puño y lo desafió, pero mi padre rehusó pelear. Luego relató: "Supe que le había ganado la batalla a mi temperamento cuando no reaccioné como solía hacerlo en el pasado".

Describa una situación en que haya respondido a sus emociones con lo mejor de su persona.

_____

_____

"Entonces, mirándolos alrededor con enojo, entristecido por la dureza de sus corazones, dijo al hombre: Extiende tu mano. Y él la extendió, y la mano le fue restaurada sana" (Marcos 3.5).

"Un mandamiento nuevo os doy: Que os améis unos a otros; como yo os he amado, que también os améis unos a otros" (Juan 13.34).

"Jesús lloró" (Juan 11.35).

"Pero ahora voy a ti; y hablo esto en el mundo, para que tengan mi gozo cumplido en sí mismos" (Juan 17.13).

Casi todos hemos tenido experiencias en las que el control de las emociones nos ha parecido una batalla extenuante. En el estudio de esta semana aprenderá cómo el Espíritu Santo puede ayudarlo a conquistar la victoria y dominar sus emociones.

El lema de esta generación parece ser: "Si te gusta hacerlo, ¡hazlo!" Tal filosofía egocéntrica afirma que las emociones son su amo. Las emociones se pueden constituir en buenos siervos aunque también pueden ser amos hirientes. Cristo debe ser su amo, incluso de sus emociones. Él quiere ayudarlo a usar las emociones de una manera responsable. La Biblia tiene un plan para que usted pueda manejar sus emociones. Esta semana aprenderá dicho plan y comprenderá cómo el Espíritu Santo puede ayudarlo a hacerse cargo de sus emociones.

Cuando haya concluido el estudio de esta semana, podrá:
* asociar sus emociones con sus principios;
* escribir una línea de conducta de seis pasos para manejar sus emociones;
* aplicar la línea de conducta a una experiencia emocional.

QUÉ SON LAS EMOCIONES

Las emociones son sensaciones dadas por Dios para experimentar el gusto o el disgusto. Las mismas son reacciones a estímulos internos o externos. Las emociones no son buenas ni malas. De usted depende usar las emociones para honrar a Cristo o para dañar a los demás y a usted mismo.

Las emociones constituyen una parte esencial de su personalidad. La vida sería tediosa sin emociones. Si usted no tuviera emociones, no experimentaría la ira o la ansiedad, pero tampoco experimentaría el regocijo ni el amor. Dios lo creó a usted de manera que experimente una diversidad de emociones.

Lea los versículos que hay en el margen de la página anterior y marque las emociones que experimentó Jesús.

❏ ira   ❏ amor   ❏ angustia   ❏ regocijo

Debido a que Jesús era plenamente humano, experimentó la gama completa de las emociones humanas. Jesús experimentó todas las emociones que figuran anteriormente. La diferencia entre Jesús y usted radica en que Él no pecaba cuando experimentaba emociones.

LA FUENTE DE SUS EMOCIONES

Las emociones son reacciones espontáneas a sus principios y creencias. Con el curso de los años, sus reacciones emocionales se han afirmado o desafiado. Debido a que sus principios y creencias no son exactamente iguales a los de cualquier otra persona, usted reacciona a las mismas circunstancias de manera diferente a los demás.

Hoy lea Mateo 21.12-16 durante su devocional. Es un pasaje que describe maneras en que Jesús usaba sus emociones. Luego complete la guía diaria de comunión con el Maestro en el margen.

Responda la siguiente pregunta acerca de Mateo 21.12-16.

Las actividades comerciales en el templo causaron en Jesús emociones diferentes a las de los principales sacerdotes y maestros de la ley. ¿Cuáles fueron dichas emociones y por qué ellos las experimentaron así?

Jesús sintió (que) _____

¿Por qué? _____

Los principales sacerdotes y los maestros de la ley quizás sintieron (que) _____

¿Por qué? _____

La curación del hombre cojo y ciego en el templo causó en los niños emociones diferentes a las de los principales sacerdotes y los maestros de la ley. ¿Cuáles fueron dichas emociones y por qué las experimentaron así?

GUÍA DIARIA DE COMUNIÓN CON EL MAESTRO

MATEO 21.12-16

Qué me dijo Dios:

_____

_____

_____

_____

_____

_____

Qué le dije yo a Dios:

_____

_____

_____

_____

_____

_____

_____

Los niños sintieron (que) _____

¿Por qué? _____

Los principales sacerdotes y los maestros de la ley sintieron (que)

_____

¿Por qué? _____

Un conjunto de circunstancias puede afectar de diversas maneras a diferentes personas. Quizás usted dijo que Jesús sintió indignación porque creía que el templo debía ser una casa de oración, mientras que los principales sacerdotes y los maestros de la ley eran indiferentes a esto, o quizás se regocijaban porque creían que el templo era un lugar donde el pueblo podía comprar animales para sacrificar y cumplir así la ley. No hay duda de que se enfurecieron cuando Jesús expulsó a los cambistas de dinero. Quizás usted respondió que los niños se regocijaron porque las personas eran sanadas y había llegado el Mesías, mientras que los principales sacerdotes y los maestros de la ley se habrán indignado porque proclamaron a Jesús como el Hijo de David (el Mesías).

Analice otro pasaje bíblico: Lucas 10.30-37, en el margen. ¿Cómo las circunstancias afectaron de diversas maneras a diferentes personas?

El levita fue indiferente ante el necesitado. ¿Qué juicio piensa usted que hizo él para experimentar su indiferencia? _____

_____

Es evidente que el samaritano sintió compasión e inquietud. ¿Qué juicio piensa usted que hizo él para experimentar sus sentimientos?

_____

Quizás usted respondió que el levita no le dio la misma importancia al herido o que estaba en apuros porque daba a su trabajo más valor del que le dio a ese hombre. Tal vez respondió que el samaritano le dio al herido suficiente valor para interrumpir sus planes y contribuir con sus recursos para la curación de aquel.

Sus principios contribuyen a determinar si usted reaccionaría con la emoción correcta ante una situación particular. Hay demasiadas personas contentas, tristes o enfadadas a causa de algo equivocado por razones erróneas. Si puede discernir lo que lo pone contento, triste o enfadado, usted puede reconocer sus verdaderos principios. Un creyente carnal valora una vida egocéntrica.

Piense en la ocasión más reciente en que usted se enfadó. Describa dicha experiencia en una hoja de papel.

"Respondiendo Jesús, dijo: Un hombre descendía de Jerusalén a Jericó, y cayó en manos de ladrones, los cuales le despojaron; e hiriéndole, se fueron, dejándole medio muerto. Aconteció que descendió un sacerdote por aquel camino, y viéndole, pasó de largo. Asimismo un levita, llegando cerca de aquel lugar, y viéndole, pasó de largo. Pero un samaritano, que iba de camino, vino cerca de él, y viéndole, fue movido a misericordia; y acercándose, vendó sus heridas, echándoles aceite y vino; y poniéndole en su cabalgadura, lo llevó al mesón, y cuidó de él. Otro día al partir, sacó dos denarios, y los dio al mesonero, y le dijo: Cuídamele; y todo lo que gastes de más, yo te lo pagaré cuando regrese. ¿Quién, pues, de estos tres te parece que fue el prójimo del que cayó en manos de los ladrones? El dijo: El que usó de misericordia con él. Entonces Jesús le dijo: Ve, y haz tú lo mismo" (Lucas 10.30-37).

¿Qué lo enfadó? Marque las razones que fueron desafiantes.
❑ Mi posición o prestigio   ❑ Mis planes
❑ Mis derechos   ❑ Mis posesiones
❑ Mi identidad   ❑ Mis ideas
❑ Mis necesidades físicas   ❑ Mis deseos

Vuelva a repasar la lista y mentalmente verifique las razones relacionadas con la vez más reciente en que usted sintió temor, angustia, regocijo, melancolía, ansiedad y vergüenza. ¿Por qué sintió tales emociones? Si se sintió afirmado o reconfortado por asuntos de la lista anterior, probablemente experimentó una emoción como regocijo o deleite. Si se sintió desafiado por tales asuntos, probablemente experimentó temor, ira, melancolía o deslealtad. Con frecuencia una persona no puede controlar las emociones porque las mismas se concentran estrechamente en la persona misma y surgen de su naturaleza carnal.

Lea 1 Corintios 3.1-3, en el margen. ¿Cómo llamó Pablo a dichos creyentes controlados por emociones tales como los celos y las contiendas? _____

En las semanas anteriores usted estudió la persona natural y el creyente carnal. Así es como Pablo llamó a los creyentes en 1 Corintios 3.1-3. Esta semana usted estudiará sobre el creyente espiritual, otra parte de la personalidad del discípulo. Los creyentes espirituales también experimentan emociones fuertes, pero han aprendido a controlarlas al dominar su reacción a ellas en lugar de permitir que las emociones controlen sus reacciones. Un creyente espiritual aprende a confiar cada vez más en el Espíritu Santo en lugar de la carne.

CONFIANZA EN EL ESPÍRITU SANTO

 Pase a la página 47 y lea sus versículos para memorizar (Gálatas 5.22-23). ¿Qué dicen dichos versículos acerca de la función del Espíritu Santo en el dominio propio?

_____

Cuando el Espíritu Santo lo transforma, se hace presente en su vida para que usted reciba la capacidad de controlar sus emociones. El Espíritu Santo puede influir en usted incluso cuando se relaciona con personas que particularmente no le caen bien o a quienes usted no les caiga bien. Sally Smith, esposa de un pastor en Tejas, cuenta que así ocurrió con una pareja que ella conoció en Ucrania, en un curso de *Vida discipular*. Cuando el esposo recibió a Cristo, su esposa le dijo que él debía elegir entre ella y Dios. El padre de ella era un destacado líder del partido comunista y no permitiría que su esposo deshonrara a la familia. Mientras el esposo luchó con su decisión durante aproximadamente un año, se fueron acentuando los sentimientos de amargura entre ambos.

"De manera que yo, hermanos, no pude hablaros como a espirituales, sino como a carnales, como a niños en Cristo. Os di a beber leche, y no vianda; porque aún no erais capaces, ni sois capaces todavía, porque aún sois carnales; pues habiendo entre vosotros celos, contiendas y disensiones, ¿no sois carnales, y andáis como hombres?"
(1 Corintios 3.1-3).

Finalmente, el hijo de ambos, de 12 años de edad, le dijo a su madre: "Si dejas a papá, me marcharé con él". Cuando ella se dio cuenta de que perdería a su hijo, comenzó a leer la Biblia. El Espíritu Santo comenzó a obrar en su corazón, la preparó para recibir a Cristo y para restaurar su relación con su esposo y su hijo.

Vaya a tomar un café o una soda con alguien que no le caiga bien o a quien usted no le caiga bien. Si usted no conoce a tal persona, haga algo por alguien a quien no conozca muy bien. Prepárese para explicar al grupo lo que sucedió.

Quizás piense: *Nunca podría relacionarme con una persona a quien no le caigo bien; tampoco podría hacer algo amable por ella. Si lo hiciera, tal vez terminaría enfadándome.* Quizás usted no pueda hacerlo, pero el Espíritu Santo puede darle esa capacidad al influir en usted y renovar su mente. Con su ayuda, usted puede aprender a controlar sus emociones.

Pídale al Espíritu Santo que lo ayude a dominar sus emociones y a comunicarse favorablemente con los demás en situaciones difíciles.

DÍA 2
Tome medidas positivas

Las emociones pueden motivar acciones, pero también las acciones pueden causar emociones.

Quizás piense que a veces sus emociones son tan fuertes que es imposible dominarlas. Tal vez sienta que cuando lo atacan arrolladoramente como una ola gigantesca, usted no tiene más alternativa que dejarse llevar. Sin embargo, usted no está imposibilitado de aprender a dominar las emociones. Cuando es tentado, el Espíritu Santo puede ayudarlo a no ceder ante sus emociones.

Hay una línea de conducta para ayudarlo a dominar sus emociones. Es conocida como el sencillo acróstico de "ACCIÓN". Las emociones se vinculan estrechamente con las acciones. Las emociones pueden motivar acciones, pero también las acciones pueden causar emociones.

A ceptar la emoción.
C onsiderar por qué se experimenta la emoción.
C onversar con Dios, agradecido, porque lo ayudará a dominarla.
I dentificar la respuesta bíblica a la emoción.
O bedecer la orientación del Espíritu Santo.
N utrir el fruto del Espíritu que corresponda.

Durante los próximos días usted examinará cada elemento de esta línea de conducta para aprender a controlar sus emociones.

ACEPTAR LA EMOCIÓN

El primer paso consiste en aceptar la emoción. Para nada sirve ignorar o reprimir sus emociones. ¿Alguna vez oyó a alguien gritar "¡No estoy enfadado!" con los dientes apretados? Las palabras difieren totalmente de la emoción que comunican. Usted sólo puede controlar una emoción si la acepta o reconoce.

Lea Mateo 26.37-38 en el margen. ¿Qué fue lo primero que hizo Jesús con respecto a su angustia y tristeza cuando enfrentó la cruz?

Jesús les dijo Mi alma está muy triste hasta la muerte, quedaos aquí y velad conmigo

Jesús no trató de ignorar o reprimir su angustia y tristeza al enfrentar la cruz, sino que admitió estar acongojado. Si uno sepulta una emoción, es posible que luego vuelva a emerger de una manera lamentable. La represión de las emociones podría enfermarlo físicamente, además de aumentar la carga emocional que lleva.

Aprender a identificar exactamente su emoción contribuirá a que usted reconozca sus sentimientos. Por ejemplo, quizás piense que se siente triste por un motivo, pero luego de un análisis más detallado se dará cuenta que en realidad se siente solo, abandonado, desamparado o agobiado. Darle un nombre exacto a una emoción contribuirá a dar los pasos más avanzados de esta línea de conducta. Experimente con esta actividad para identificar mejor las emociones.

Trate de recordar la emoción más fuerte que recientemente experimentó. Marque los sentimientos que con mayor precisión lo describan en aquel momento.

❏ decepcionado	❏ esperanzado	❏ abandonado	❏ apoyado
❏ satisfecho	❏ solitario	❏ entusiasmado	❏ otras:
❏ atemorizado	❏ victorioso	❏ avergonzado	*Triste*
❏ jubiloso	❏ impotente	❏ confiado	*Enojado*
❏ traicionado	❏ tranquilo	❏ confundido	

Realmente hay muchas otras palabras que describen las emociones. Quizás usted desee agregarlas a la lista.

CONSIDERAR POR QUÉ SE EXPERIMENTA LA EMOCIÓN

Un segundo paso práctico hacia el dominio de una emoción es **considerar por qué se experimenta**. Después de aceptar o reconocer un sentimiento, es importante comprender por qué se experimenta. Tal vez hacer eso no sea tan sencillo como usted piense. A veces, un hecho que tuvo lugar horas o días antes de experimentar la emoción se mantiene en su subconsciente, causando así una reacción emocional. Experimente con este ejercicio.

"Y tomando a Pedro, y a los dos hijos de Zebedeo, comenzó a entristecerse y a angustiarse en gran manera. Entonces Jesús les dijo: Mi alma está muy triste, hasta la muerte; quedaos aquí, y velad conmigo" (Mateo 26.37-38).

Identifique una emoción que tuvo recientemente: _Ser grupo familiar en casa_

¿Por qué se sintió así? Marque todas las respuestas correspondientes.

❑ Mi condición física
❑ Lo que alguien me dijo, o dijo acerca de mí
❑ Lo que alguien me hizo, o hizo por mí
❑ Mis pensamientos
❑ Mi voluntad
❑ Mi carne (deseos pecaminosos)
❑ Mi relación con Dios _es emoción_
❑ Otra: _Hablar con el Espíritu Santo_

Identificar la causa subyacente de una emoción constituye un gran paso hacia el dominio de su reacción a dicha emoción.

Quizás haya identificado que se sintió confundido debido a lo que alguien le dijo. Por ejemplo, cuando su jefe preguntó si tendría la habilidad de hacer un proyecto, usted se sintió confundido porque hacía dos meses que había terminado un proceso de formación, el cual pensó que lo calificaría para ello. O quizás reconoció que se sintió avergonzado por su condición física. Identificar la causa subyacente de una emoción constituye un gran paso hacia el dominio de su reacción a dicha emoción.

Los versículos para memorizar esta semana, en Gálatas 5.22-23, destacan el dominio propio. Dichos versículos también incluyen las características que usted tendrá si el Espíritu controla su vida. Para practicar la memorización de los versículos, escriba la lista de nueve elementos del fruto del Espíritu. Revise luego su trabajo consultando la página 47.

_____   _____

_____   _____

_____   _____

_____   _____

_____

Aprender la siguiente porción de la personalidad del discípulo reforzará los dos primeros pasos que ha estudiado para dominar sus emociones.

ESTUDIO DE LA PERSONALIDAD DEL DISCÍPULO
Lea la sección "El creyente espiritual" (p. 137) en el diagrama de la personalidad del discípulo.

✝ Comience a dibujar la porción del creyente espiritual en el diagrama de la personalidad del discípulo. En esta página ya hemos incluido el diagrama básico para usted. Cierre la puerta de la carne al dibujar una cruz que abarque las palabras *espíritu, carne, mente, voluntad* y *emociones*. Atraviese la palabra *carne* con el vocablo *crucificado*. Por encima del círculo escriba la frase *El creyente espiritual*. Vea el diagrama de la personalidad del discípulo (pp. 133-139) si necesita ayuda. Al finalizar este estudio usted podrá dibujar el diagrama completo de la personalidad del discípulo y explicarlo en sus propias palabras.

DIOS

SATANÁS

Lea Gálatas 2.20: "Con Cristo estoy juntamente crucificado, y ya no vivo yo, más vive Cristo en mí; y lo que ahora vivo en la carne, lo vivo en la fe del Hijo de Dios, el cual me amó y se entregó a sí mismo por mí" (Gá 2.20). ¿Puede usted afirmar lo que Pablo afirmó? Escriba su nombre en las siguientes líneas de esta adaptación de Gálatas 2.20.

Yo,_____ , estoy crucificado juntamente con Cristo, y ya no vivo yo, más vive Cristo en mí; y lo que ahora vivo en la carne (mi cuerpo), yo,_____ ,lo vivo en la fe del Hijo de Dios, el cual me amó y se entregó a sí mismo por mí.

Escriba una "E" junto a los conceptos que describen al creyentes espiritual.
____ Hace morir su vieja naturaleza
____ Tiene la promesa de victoria sobre el mundo, la carne y el diablo.
____ Deja de lado los deseos de la carne
____ El Espíritu Santo mora en su personalidad
____ Dios gobierna en su alma y su cuerpo

GUÍA DIARIA DE COMUNIÓN CON EL MAESTRO
GÁLATAS 2.11-21

Qué me dijo Dios:

_____
_____
_____
_____
_____
_____
_____
_____

Qué le dije yo a Dios:

_____
_____
_____
_____
_____
_____
_____
_____

Proceder del mundo

"Y manifiestas son las obras de la carne, que son: adulterio, fornicación, inmundicia, lascivia, idolatría, hechicerías, enemistades, pleitos, celos, iras, contiendas, disensiones, herejías, envidias, homicidios, borracheras, orgías, y cosas semejantes a estas; acerca de las cuales os amonesto, como ya os lo he dicho antes, que los que practican tales cosas no heredarán el reino de Dios." (Gálatas 5.19-21).

"Pero ahora dejad también vosotros todas estas cosas: ira, enojo, malicia, blasfemia, palabras deshonestas de vuestra boca" (Colosenses 3.8).

"Ninguna palabra corrompida salga de vuestra boca, sino la que sea buena para la necesaria edificación, a fin de dar gracia a los oyentes" (Efesios 4.29).

Proceder del Espíritu

"Más el fruto del Espíritu es amor, gozo, paz, paciencia, benignidad, bondad, fe, mansedumbre, templanza; contra tales cosas no hay ley" (Gálatas 5.22-23).

"Habiéndoos despojado del viejo hombre con sus hechos, y revestido del nuevo, el cual conforme a la imagen del que lo creó se va renovando hasta el conocimiento pleno" (Colosenses 3.9-10).

"Sed, pues, imitadores de Dios como hijos amados. Y andad en amor, como también Cristo nos amó, y se entregó a sí mismo por nosotros, ofrenda y sacrificio a Dios en olor fragante" (Efesios 5.1-2).

Un creyente espiritual deja de lado sus viejos caminos, como si los hubiera sepultado. Algunos de esos viejos caminos podrían ser los deseos de la carne. Un creyente espiritual puede hacer eso porque Dios le ha prometido victoria sobre el mundo, la carne y el diablo. El Espíritu Santo, al morar en la personalidad de este creyente, le da a Dios el señorío sobre su alma y su cuerpo. Los cinco conceptos describen al creyente espiritual.

EN EL TALLER DEL CARPINTERO

¿Sigue abandonando o demoliendo la vieja naturaleza e incorporando a su carácter rasgos semejantes a Cristo? En la semana 2 usted identificó una conducta específica de la cual deseaba librarse y una medida que tomaría para reemplazarla. Esta semana considerará otras maneras en las que el Espíritu Santo puede contribuir a convertirlo en una nueva persona en Cristo.

Lea los pasajes bíblicos escritos en el margen. Los mismos se relacionan al uso indebido del lenguaje. Del grupo de versículos titulado "Proceder del mundo" identifique una conducta específica de la cual desee librarse. De los versículos titulados "Proceder del Espíritu" identifique una medida que tomará para reemplazarla. Le daré un ejemplo. Durante el resto de esta semana, usted tomará nota de su progreso en la práctica de tal conducta.

He aquí un ejemplo.

Una conducta que deseo cambiar: Decir cosas despreciables de los demás

Una medida que tomaré para despojarme de la vieja naturaleza: Dejar de criticar a mis amigos

Una medida que tomaré para que el Espíritu Santo me haga más semejante a Cristo: Ser amable, a conciencia, en mis conversaciones con los demás o acerca de los demás

Ahora experiméntelo usted.

Una conducta de la que deseo ocuparme: _____

Una medida que tomaré para despojarme de la vieja naturaleza:

_____

Una medida que tomaré para que el Espíritu Santo me haga más semejante a Cristo:

_____

GUÍA DIARIA DE COMUNIÓN CON EL MAESTRO

SALMOS 42

Qué me dijo Dios:

3/6/06 La resurrección
San Juan 20:
El primer día de la semana
María Magdalena fue
de mañana, siendo aún
oscuro, al sepulcro y vio
quitada la piedra del
sepulcro... aún no
porque habían entendido
la escritura que era
necesaria que él
resucitase de los muertos.

Qué le dije yo a Dios:

Le di las gracias
porque me diera
luz y entendimiento
y sabiduría
para yo entender
la bendita palabra
de Nuestro Señor
Jesucristo y dándole
las gracias
por todo lo que
estaba haciendo
por mi hijo Neftalí
y por mí por su
provisiones.

🏹 Hoy lea Gálatas 2.11-21 en su devocional; es un pasaje en el que Pablo habla acerca de estar crucificado con Cristo. Luego complete la guía diaria de comunión con el Maestro en la página 55.

🏹 Ore por sus familiares y parientes. Acuérdese de mantener un registro de sus oraciones y respuestas a las mismas en su lista para el pacto de oración (p. 143).

DÍA 3

Dad gracias en todo

A veces las personas no pueden identificar las causas de sus emociones. Quizás usted haya marcado uno de los sentimientos en la lista de la página 53, o escrito algún otro en la línea; sin embargo, cuando intentó determinar la causa del mismo, no tuvo ni idea.

O tal vez sienta que su emoción estaba totalmente fuera de relación al acontecimiento causante.

Por ejemplo, tal vez usted sepa que se siente muy enfadado porque su jefe no lo tomó en cuenta en la entrega de premios de su compañía; sin embargo, se asombra de que un sencillo acto de descortesía cause sentimientos tan fuertes en usted. Quizás sepa que se siente solo y abandonado cuando una amiga se olvida de que había convenido almorzar con usted; sin embargo, no comprende por qué le resulta tan difícil aceptar la disculpa por la distracción de ella. Si su situación es esa, sería conveniente que conversara con su pastor o con un consejero profesional cristiano, o bien que participara en un grupo de apoyo cristocéntrico que ayude a las personas a comprender mejor sus emociones.[1]

Quien reacciona enérgicamente porque al jefe se le olvida anunciar la entrega de un premio podría aprender que tiene dificultad para relacionarse con figuras de autoridad, debido a una lamentable relación con su padre o madre durante la niñez. Quien se siente solo y abandonado porque alguien no acude a una cita podría tener un conflicto inconsciente a causa de sentimientos experimentados en la niñez por abandono de un familiar. Una persona puede dar pasos importantes hacia el dominio de sus emociones al descubrir las cuestiones más profundas que se ocultan detrás de fuertes sentimientos.

CONVERSAR CON DIOS, AGRADECIDO, PORQUE LO AYUDARÁ A DOMINAR LA EMOCIÓN

Aunque identifique o no la causa de su emoción, usted puede dar un tercer paso práctico: **Conversar con Dios, agradecido, porque lo ayudará a dominar la emoción**. Observe dónde encaja dicho paso en el acróstico de "ACCIÓN".

Recuerde las palabras claves de los primeros dos pasos del acróstico ACCIÓN

A _____ la emoción.

C _____ por qué se experimenta la emoción.

C onversar con Dios, agradecido, porque lo ayudará a dominarla.

I dentificar la reacción bíblica a la emoción.

O bedecer la orientación del Espíritu Santo.

N utrir el fruto del Espíritu que corresponda.

Hoy lea el Salmo 42 en su devocional. Luego complete la guía diaria de comunión con el Maestro en la pág. 57.

En el Salmo 42, ¿qué pasos prácticos dio David cuando se sintió muy abatido y acongojado a causa de su pecado?

_____

Acongojado por la muerte de su hijo y a causa de su propia condición espiritual, David dio pasos prácticos que constituyen buenos ejemplos para nosotros. David admitió que estaba abatido, analizó por qué sentía tal emoción y le agradeció a Dios porque creía que Dios lo ayudaría.

No es necesario comprender una situación para creer que Dios obrará en la misma y estar agradecido de que Él lo hará.

Lea 1 Tesalonicenses 5.18 en el margen. ¿En qué situaciones debe usted dar gracias?

_____

"Dad gracias en todo, porque esta es la voluntad de Dios para con vosotros en Cristo Jesús" (1 Tesalonicenses 5.18).

Lea Romanos 8.28 en el margen. ¿Por qué una persona que tiene fe puede dar gracias en todo?

_____

"Y sabemos que a los que aman a Dios, todas las cosas les ayudan a bien, esto es, a los que conforme a su propósito son llamados" (Romanos 8.28).

Lea Hechos 16.25 en el margen. ¿Cómo evitaron Pablo y Silas que su situación les causara emociones dañinas?

_____

"Pero a medianoche, orando Pablo y Sildas, cantaban himnos a Dios; y los presos los oían" (Hechos 16.25).

Usted debe dar gracias en todo, no sólo por las cosas que entiende o que sean agradables. Si tiene fe, puede dar gracias en todo porque cree que en Dios todas las cosas le ayudarán a bien. Pablo y Silas oraban y cantaban himnos para impedir que su encarcelamiento les causara emociones dañinas. Cuando usted confía por fe que Dios obrará en una situación y se lo agradece, su mente está dispuesta a considerar los beneficios que han de resultar.

Escriba una lista de los beneficios que podría obtener cuando experimenta las siguientes emociones.

Temor: _____

Ira: _____

Soledad: _____

Regocijo: _____

Celos: _____

A pesar de que no le guste pensar en el temor, la ira, la soledad y los celos, dichas emociones pueden darle buenos resultados. El temor puede impedir que corra riesgos innecesarios o apresurarlo a tomar precauciones adicionales en ciertas ocasiones. La ira puede conducirlo a enmendar lo erróneo o una injusticia. Una persona que se siente sola puede aprender a confiar en Dios para llenar el vacío de su vida. Los celos pueden contribuir a reconocer la necesidad de ocuparse más de una relación o de esforzarse más para lograr una meta. El regocijo podría acercarlo bondadosamente a los demás o podría alabar a Dios porque haya ocurrido algo positivo en su vida.

Siga memorizando los versículos en Gálatas 5.22-23. Dígaselos en voz alta a un amigo. Dé testimonio de cómo usted cree que el Espíritu Santo lo ayuda a lograr su dominio propio, el elemento final que se menciona como fruto del Espíritu.

EN EL TALLER DEL CARPINTERO

¿Qué progresos ha hecho para abandonar la vieja naturaleza e incorporar nuevas conductas a su vida?

Ayer usted identificó una conducta de la que deseaba librarse para edificar un carácter semejante a Cristo en la manera de hablar. Describa hoy una situación en la que haya obrado para abandonar la vieja naturaleza.

_____

_____

Dedicarle tiempo a la Palabra por medio del estudio y la oración contribuye al progreso para abandonar la vieja naturaleza e incorporar pensamientos y acciones cristianos a su vida. Además de la lectura, al escuchar la predicación o la enseñanza de la Palabra, usted puede recibir una nueva comprensión. Muchas veces el Espíritu Santo usa ideas acertadas por medio de un predicador, disertante o líder de estudio bíblico como la herramienta precisa para ayudarlo a usted a lograr su meta.

Al escuchar la predicación o la enseñanza de la Palabra, usted puede recibir una revelación.

Lea la sección "Cómo escuchar la Palabra de Dios" y responda las preguntas.

CÓMO ESCUCHAR LA PALABRA DE DIOS

1. Evalúe qué clase de oyente es usted. Lea Mateo 13.3-23 y clasifíquese como uno de los siguientes oyentes.

   a. *Oyente apático*: Oye la palabra pero no está preparado para recibirla y entenderla. (Véase el v.19.)
   ¿Dejo que el mensaje me entre por un oído y me salga por el otro? ❏ Sí ❏ No

   b. *Oyente superficial*: Recibe la palabra temporalmente pero no la deja arraigarse en su corazón. (Véase los vv. 20-21.)
   ¿Acepto sencillamente lo que se dice sin aplicarlo en forma específica y personal? ❏ Sí ❏ No

   c. *Oyente atribulado*: Recibe la palabra pero deja que los afanes de este mundo y el deseo de las riquezas la ahoguen. (Véase v. 22.)
   ¿Me acuerdo de practicar el mensaje durante la semana, o dejo que la desplacen otras prioridades? ❏ Sí ❏ No

   d. *Oyente multiplicador*: Recibe la palabra, la entiende, lleva fruto y produce resultados. (Véase v. 23.)
   ¿El mensaje rinde el máximo del fruto en mi vida? ❏ Sí ❏ No

2. Esté atento a recibir la palabra del Señor: "sea pronto para oír" (Santiago 1.19).

3. Despójese de todo pecado y orgullo para que la palabra pueda plantarse en su corazón. (Véase Santiago 1.21.)

4. Preste atención a lo que dice la Biblia acerca de usted, exactamente la misma atención que le prestaría a su imagen en un espejo. (Véase Santiago 1.23.)

   a. Tome nota en el formulario titulado "Escuchemos la Palabra". (Véase la p. 141.) Escriba la fecha, el lugar, el predicador, el texto y el título del mensaje, si lo tiene.

   b. Escriba los puntos del mensaje como los presenta el predicador.

   c. Debajo de cada punto escriba la explicación, las ilustraciones y la aplicación. Si no se mencionan todos esos elementos, escriba los que se mencionen.

   d. Escriba todo concepto específico que por medio del Espíritu le hayan impresionado.

   e. Resuma, tan pronto como sea posible, la idea principal que el predicador le exhorta a hacer, ser y sentir. Use las siguientes

Preste atención a lo que dice la Biblia acerca de usted, exactamente la misma atención que le prestaría a su imagen en un espejo.

preguntas para escribir su resumen.

- ¿Qué me dijo Dios por medio de este mensaje? Escriba el concepto específico que a usted le parezca que Dios le revela en el mensaje. Quizás no sea lo que el predicador se propuso, pero el Señor lo aplicó al corazón suyo.
- ¿Cómo evalúo mi vida con respecto a esta palabra? Reconozca en qué ha fallado con respecto a lo que Dios dice. Sea específico.
- ¿Qué medidas tomaré para alinear mi vida con esta palabra? Dichas medidas necesitan ser específicas, inmediatas, evaluables y alcanzables dentro de un período razonable.
- ¿Qué verdad necesito estudiar más profundamente? Quizás el Señor le revele que examine las Escrituras para obtener más información sobre un tema mencionado en el mensaje.

5. Permanezca firme en la palabra y será bendecido en lo que haga. (Véase Santiago 1.25.) Examínese durante los días siguientes para verificar si ha incorporado el mensaje en su vida y si ha comenzado a fructificar sobre el mismo.

Permanezca firme en la Palabra y será bendecido en lo que haga.

 Escriba los puntos importantes de un sermón en el formulario titulado "Escuchemos la Palabra" de la p. 141. Copie el formulario para usarlo con todos los sermones.

DÍA 4

~≈~

Una reacción bíblica

El cuarto paso en su línea de conducta para dominar una emoción es **identificar la reacción bíblica a la emoción**. Repase los pasos del plan.

IDENTIFICAR LA REACCIÓN BÍBLICA A LA EMOCIÓN

A continuación complete las palabras clave de los tres primeros pasos que ha estudiado.

A_____ la emoción.

C_____ por qué se experimenta la emoción.

C_____ con Dios, _____, porque lo ayudará a dominarla.

Identificar la reacción bíblica a la emoción.
Obedecer la orientación del Espíritu Santo.
Nutrir el fruto correspondiente del Espíritu.

Las emociones son espontáneas, pero no así las reacciones que causan

No importa qué ocasione la situación, usted es quien decide cómo reaccionar.

las mismas. La Biblia enseña que es responsabilidad suya decidir cómo lo harán comportarse sus emociones. Usted no puede evadir dicha responsabilidad y atribuirle su conducta a un sentimiento negativo o a la persona o circunstancia que estimuló dicho sentimiento.

Quizás usted piense que alguien lo perjudicó o que su experiencia familiar lo programó o lo predispuso a actuar de cierta manera. Puede que piense: *No puedo evitar conducirme así. Esa persona me hizo enfadar cuando me criticó.* Sin embargo, ¿alguien puede realmente *hacerlo* enfadar y *hacerlo* reaccionar de manera inadecuada? No importa qué ocasione la situación, usted es quien decide cómo reaccionar. Usted puede pecar en dicha reacción, o puede elegir honrar a Cristo. Un pecado no justifica otro pecado.

En los siguientes casos de estudio, subraye la respuesta de cada persona que atribuya la culpa a otro.

Carolina trabajaba en una oficina donde sentía que sus compañeros se oponían constantemente a ella y le criticaban su trabajo. Un día, cuando ya no pudo soportar más, Carolina se expresó furiosamente: "¿Y qué me dicen de todas las equivocaciones que ustedes cometen? ¡Tampoco ustedes son perfectos!, ¿verdad?"

José se crió en una familia donde el padre era alcohólico y solía girar cheques sin fondos. En cuestiones de responsabilidad José no tuvo un modelo que imitar. En su vida adulta, trató de administrar las finanzas de su familia, pero a veces se olvidaba de pagar las cuentas. Cuando su esposa se preocupaba por los pagos demorados, airado José se defendía diciendo: "¡Todo es culpa de mi padre! ¡Nunca me enseñó cómo hacer eso! ¡Así soy yo y no hay nada que hacer!"

El padre de Margarita solía maltratarla y su madre nunca le expresó cariño a ella. En su vida adulta, Margarita mantuvo una actitud condenatoria hacia sus padres. Le dijo a su pastor "Los detesto por la manera como me trataron".

En cada caso, el individuo culpó a otra persona por sus acciones. A pesar de que es cierto que los compañeros de trabajo de Carolina, el padre de José y los padres de Margarita pecaron en su maltrato o malos hábitos. Carolina, José y Margarita tuvieron la elección de pecar o de responsabilizarse por sus acciones.

La Biblia nos brinda principios para responder a las emociones. Cuanto más conozca usted la Biblia, más fácilmente podrá aplicarla al manejo de sus emociones.

Lea los pasajes bíblicos que aparecen en el margen. Con sus propias palabras, describa reacciones bíblicas a las siguientes emociones.

"Pero a vosotros los que oís, os digo: Amad a vuestros enemigos, haced bien a los que os aborrecen; bendecid a los que os maldicen, y orad por los que os calumnian" (Lucas 6.27-28).

Odio (p. 62) (Lucas 6.27-28): _____

Ansiedad (p. 62) (Filipenses 4.6-7): _____

Regocijo (Filipenses 4.4): _____

Ira (Efesios 4.25-26,31-32): _____

Envidia (1 Pedro 2.1-3; 1 Co 13.4) _____

Para el *odio* quizás usted haya escrito que la reacción bíblica es hacer bien a quienes lo odien a uno; para la *ansiedad*, que se debe orar al Señor y no estar afanoso o ansioso; para el *regocijo*, que se debe reconocer a la fuente de bondad; para la *ira*, que hay que evitar pecar a causa de la ira y resolver pronto toda controversia pendiente; para la *envidia*, que se debe dejar de lado la envidia y amar a los demás.

Basándose en los pasajes bíblicos que leyó en el ejercicio anterior, describa cómo estas tres personas podrían haber reaccionado, de modo que honraran a Cristo, si hubieran buscado soluciones bíblicas a sus emociones.

Carolina: _____

José: _____

Margarita: _____

Puede que usted haya respondido algo así: En vez de responderle furiosamente a sus compañeros, Carolina podría haberles dado un ejemplo cristiano pidiéndoles que se sentaran con ella, en forma individual o como grupo, para escuchar mutua y calmadamente las inquietudes de cada uno con respecto a los asuntos de trabajo. En vez de culpar su experiencia de familia por continuar el ciclo de irresponsabilidad, José podría haberse propuesto asistir a un curso de administración de dinero. O quizás él y su esposa podrían haber tomado un acuerdo justo acerca de las medidas que cada uno tomaría para administrar las finanzas. En vez de abrigar sentimientos amargos hacia sus padres, Margarita podría haber orado para que el Espíritu Santo la ayudara a perdonar. Podría haber buscado la ayuda de un consejero profesional cristiano para aprender maneras positivas de relacionarse con sus padres a pesar de un pasado lamentable.

⬇ **Diga en voz alta sus versículos para memorizar, en Gálatas 5.22-23. Escoja uno de los nueve elementos del fruto del Espíritu y describa cómo planea usarlo para dominar sus emociones. Cada elemento del fruto del Espíritu no sólo es una**

"Por nada estéis afanosos, sino sean conocidas vuestras peticiones delante de Dios en toda oración y ruego, con acción de gracias. Y la paz de Dios, que sobrepasa todo entendimiento, guardará vuestros corazones y vuestros pensamientos en Cristo Jesús" (Filipenses 4.6-7).

"Regocijaos en el Señor siempre" (Filipenses 4.4).

"Por lo cual, desechando la mentira, hablad verdad cada uno con su prójimo; porque somos miembros los unos de los otros. Airaos, pero no pequéis; no se ponga el sol sobre vuestro enojo... Quítense de vosotros toda amargura, enojo, ira, gritería y maledicencia, y toda malicia. Antes sed benignos unos con otros, misericordiosos, perdonándoos unos a otros, como Dios también os perdonó a vosotros en Cristo" (Efesios 4.25-26,31-32).

"Desechando, pues, toda malicia, todo engaño, hipocresía, envidias, y todas las detracciones, desead, como niños recién nacidos, la leche espiritual no adulterada, para que por ella crezcáis para salvación, si es que habéis gustado la benignidad del Señor" (1 Pedro 2.1-3).

"El amor... no tiene envidia" (1 Co 13.4).

GUÍA DIARIA DE COMUNIÓN CON EL MAESTRO

JUAN 19.17-37

Qué me dijo Dios:

_____

_____

_____

_____

_____

Qué le dije yo a Dios:

_____

_____

_____

_____

_____

_____

emoción, sino también una herramienta para dominar sus emociones.

_____

_____

¿CÓMO REACCIONARÍA UN CREYENTE?

Mientras piensa qué haría Cristo para que usted domine sus emociones, puede recordar el ejemplo de Él en la cruz: el ejemplo por excelencia del control de una persona sobre sus emociones. Piense en cómo Cristo podría haber reaccionado ante tal hecho: Se podría haber enfurecido, haber amenazado o culpado a la muchedumbre, o haberla regañado. Podría haber invocado a los ángeles para protegerlo. Pero por el contrario, procuró la voluntad de Dios en sus reacciones, incluso hasta el final mismo. Es cierto que expresó su angustia, como estudió usted el día 2. Expresó su preocupación por su madre. Expresó su necesidad humana física. Sin embargo, el dominio absoluto de sus emociones ocurrió cuando Él lo sometió todo a la voluntad de Dios, aunque esto incluyera sufrir y morir en la cruz.

Lea hoy el pasaje de Juan 19.17-37 en su devocional. Es la parte que describe la muerte de Jesús en la cruz. Vea cómo le habla Dios a usted. Luego complete la guía diaria de comunión con el Maestro en el margen.

Asimismo, en su devocional de hoy sostenga en la mano el clavo que le entregó su líder en la sesión de grupo. Palpe y huela el clavo. Oprima la punta del mismo contra la palma de la mano. Piense cuánto sufrió Cristo por usted y permita que el Espíritu Santo le demuestre cuán importante es para usted el dolor de Jesús. Mientras medita en el sufrimiento de Cristo, lea en voz alta Gálatas 2.20: "Con Cristo estoy juntamente crucificado, y ya no vivo yo, más vive Cristo en mí; y lo que ahora vivo en la carne, lo vivo en la fe del Hijo de Dios, el cual me amó y se entregó a sí mismo por mí".

EN EL TALLER DEL CARPINTERO

Si Cristo es el Señor de su vida, usted deseará parecerse a Él, incluso en la forma de hablar. ¿Cómo lo ayuda el Espíritu Santo a despojarse de la vieja naturaleza y a reemplazar las antiguas conductas con las nuevas?

Escriba un nuevo pensamiento o una conducta que haya reemplazado el pensamiento o la conducta que usted demolió con respecto al uso del lenguaje. ¿Qué ha hecho para poner dicho nuevo pensamiento o conducta en lugar del pensamiento o conducta anterior?

_____

DÍA 5

Un llamamiento superior

El quinto paso en su línea de conducta es **obedecer la orientación del Espíritu Santo.**

OBEDECER LA ORIENTACIÓN DEL ESPÍRITU SANTO

Compruebe de qué manera encaja este paso en el acróstico de ACCIÓN. Esta vez incluiré la palabra clave y dejaré que usted termine los conceptos.

A _____.

C _____.

C _____.

I _____.

Obedecer la orientación del Espíritu Santo.

Nutrir el fruto correspondiente del Espíritu.

Las personas carnales desean hacer lo que les dictan sus emociones, mente o voluntad. Por el contrario, las personas espirituales obedecen el llamamiento superior y hacen lo que les revela el Espíritu Santo. Hacer lo que Dios dice que es correcto, en lugar de hacer lo que usted desea, es un acto consciente de la voluntad. Los creyentes comprenden su obligación de actuar correctamente para con los demás, incluso si no tienen ganas de hacerlo. Si usted aguarda hasta que tenga ganas de hacer lo correcto, no tardará en estar excusándose por su fracaso.

Lea los siguientes relatos. Escriba una "E" junto a los que describan a alguien que se valió de sus emociones como excusa para ser irresponsable. Escriba una "R" junto a aquellos donde la persona haya actuado con responsabilidad.

____ Jaime pisó los frenos del coche e hizo sonar furiosamente la bocina mientras un anciano cruzaba la calle con dificultad. Luego Jaime siguió su marcha a gran velocidad para no perder la siguiente luz verde.

____ Cuando Tomasito derramó accidentalmente la leche, la madre le dio una paliza mientras le gritaba que debía ser más cuidadoso.

Qué me dijo Dios:

_____

_____

_____

_____

_____

_____

_____

Qué le dije yo a Dios:

_____

_____

_____

_____

_____

_____

_____

_____ **La dama se probó muchos pares de zapatos en la tienda antes de expresar que en realidad no podría costearlos. Luego pidió instrucciones para llegar a otra tienda de zapatos. La vendedora le dibujó un mapa y le agradeció la visita.**

Probablemente haya reconocido a la persona de la última ilustración: la vendedora que hizo un esfuerzo adicional fue la única que se condujo responsablemente con las emociones.

Sus sentimientos no sólo influyen en su manera de actuar, sino que su manera de actuar también determina sus sentimientos. Usted puede cambiar sus sentimientos al cambiar sus acciones, como lo afirma el adagio "Haz algo para sentirte diferente". La solución de Jesús para muchas reacciones emocionales era ordenar una acción en lugar de un sentimiento. Lea Mateo 5.24 y Mateo 7.1-2 en el margen.

Lea 1 Corintios 13.4-7 en el margen. Cuando la Biblia le dice que ame a sus hermanos en la fe, el amor se describe como (marque uno):
❑ **un sentimiento emocional**
❑ **una forma de conducta**

El amor es algo que Ud. hace. El amor se manifiesta en su manera de actuar. Hacer algo bondadoso por alguien que no se lo merezca necesariamente es la esencia del amor. El Espíritu Santo puede ayudarlo a hacer eso.

Lea Proverbios 16.32 en el margen. Este versículo dice que una persona que tiene dominio propio es la más fuerte. Una persona que se niega a responder airadamente, dominando así sus emociones, demuestra más fortaleza que alguien que conquista una ciudad.

Hoy lea el pasaje de Mateo 26.57-68 en su devocional. Relata una ocasión en que Jesús mantuvo su dominio propio en una situación difícil. Luego complete la guía diaria de comunión con el Maestro en la página 65.

NUTRIR EL FRUTO CORRESPONDIENTE DEL ESPÍRITU
El sexto paso en su línea de conducta para dominar una emoción es **nutrir el fruto correspondiente del Espíritu**

A continuación complete los pasos que ha estudiado para el acróstico de ACCIÓN.

A _____.

C _____.

C _____.

"Deja allí tu ofrenda delante del altar, y anda, reconcíliate primero con tu hermano, y entonces ven y presenta tu ofrenda" (Mateo 5.24).

"No juzguéis, para que no seáis juzgados. Porque con el juicio con que juzgáis, seréis juzgados, y con la medida con que medís, os será medido" (Mateo 7.1-2)

"El amor es sufrido, es benigno; el amor no tiene envidia, el amor no es jactancioso, no se envanece; no hace nada indebido, no busca lo suyo, no se irrita, no guarda rencor; no se goza de la injusticia, mas se goza de la verdad. Todo lo sufre, todo lo cree, todo lo espera, todo lo soporta" (1 Corintios 13.4-7).

"Mejor es el que tarda en airarse que el fuerte; y el que se enseñorea de su espíritu, que el que toma una ciudad" (Proverbios 16.32).

I _____.

O _____.

Nutrir el fruto correspondiente del Espíritu.

Cada fruto del Espíritu es más que una emoción. Cada uno constituye un rasgo estable para su carácter. Al mantener una relación estrecha con Cristo mediante el Espíritu Santo y al crecer en la madurez por su experiencia, usted desarrolla cada elemento del fruto del Espíritu.

Al mantener una relación estrecha con Cristo, usted desarrolla el fruto del Espíritu.

Recite de memoria y en voz alta los versículos de **Gálatas 5.22-23**. Luego verifique cuál es el fruto del Espíritu que usted considere más necesario para llegar a dominar sus emociones. Puede marcar más de uno.

❏ amor ❏ paciencia ❏ fe
❏ gozo ❏ benignidad ❏ mansedumbre
❏ paz ❏ bondad ❏ templanza

¿Cómo planea desarrollar dicho elemento del fruto del Espíritu o rasgos de su carácter?

Amor paciencia gozo paz
y fe

Deténgase y pídale a Dios que lo ayude a desarrollar el aspecto de su carácter que usted identificó. Pídale que lo ayude para que sea una parte importante de su vida en el Espíritu.

Vuelva a recitar los versículos memorizados en las semanas anteriores: **Filipenses 2.13 y Romanos 12.1-2.**

Antes de su próxima sesión de grupo, aplique los pasos del acróstico **ACCIÓN** a una emoción. Escriba los resultados a continuación. Prepárese para describirle su experiencia a los compañeros de su grupo.

_____

_____

EN EL TALLER DEL CARPINTERO
Verifique cuánto progresó esta semana en el desarrollo de un carácter semejante a Cristo. ¿De qué manera lo ayuda el Espíritu Santo a parecerse más a Jesús usando un lenguaje recto?

Nombre la conducta que dejó de lado esta semana.

Mencione lo que Cristo ha agregado a su carácter esta semana.

ESTUDIO DE LA PERSONALIDAD DEL DISCÍPULO

Repase lo que ha aprendido acerca del creyente espiritual en el diagrama de la personalidad del discípulo. A continuación aparece el diagrama básico. Dibuje los elementos del creyente espiritual como lo hizo el día 2. Agregue al dibujo el título: *El creyente espiritual* y escriba *Gálatas 2.20* bajo el mismo. Vea el diagrama de la personalidad del discípulo (pp. 133-139) si necesita ayuda. Al finalizar este estudio usted podrá dibujar el diagrama completo de la personalidad del discípulo y explicarlo con sus propias palabras.

Uno de los sucesos más increíbles acerca de individuos que dominaban los conceptos de la personalidad del discípulo, ocurrió en una prisión. Un hombre, a quien llamaremos Juan, recluso en una cárcel estatal de Texas, le dijo a su líder del grupo de *Vida discipular* que los conceptos de la personalidad del discípulo ahora le impiden reaccionar violentamente cuando alguien lo provoca.

Juan le contó a su líder (también ex recluso que ha llegado a ser ministro cristiano): "Cuando el viejo Juan controlaba la situación, estallaba si alguien se metía conmigo. Disparaba, apuñalaba o hacía lo que fuera conveniente. Parte de mi manera de ser era jugar el papel de un hombre rudo, un tipo malo. Es una de las formas en que uno piensa que se gana el respeto de los demás. Pero las personas no lo respetan a uno, sino que le temen. El respeto es algo que se obtiene de las personas cuando uno les demuestra amor, bondad y consideración".

Al convertirse en un creyente espiritual y desarrollar un carácter semejante a Cristo, uno desea contar la buena noticia. Usted deseará que otros tengan la certeza de que a través de Cristo pueden dominar sus emociones. ¿Cómo contar su gozo en Cristo y su certeza de que el Espíritu Santo lo ayudará a mantener su dominio propio? Durante las siguientes semanas estudiará las pautas básicas para escribir su testimonio cristiano. Desarrollará una disertación de tres minutos para hablarle a otros.

 Lea las siguientes pautas para escribir su testimonio. Haga las actividades mientras lee.

BOSQUEJO DEL TESTIMONIO

¿Recuerda lo que significa la palabra *testigo*? Significa *alguien que proporciona evidencia*. Usted tiene la evidencia de una vida cambiada porque Cristo mora en usted. Ahora necesita poner dicho testimonio en palabras, decirle a los demás quién es Cristo, lo que Él ha hecho y cuánto significa Él para usted.

Estas pautas contribuirán a preparar un testimonio básico acerca de su experiencia de salvación. Durante las siguientes semanas aprenderá a expandir o adaptar dicho testimonio básico para responder a las necesidades de oportunidades específicas de testimonio.

El apóstol Pablo sabía cómo poner su testimonio en palabras. En consecuencia, lo hacía en cada oportunidad que tenía con cada persona que lo escuchaba. En el margen, lea las palabras que Pablo escribió en Romanos 1.16.

Incluso, los creyentes experimentados en dar su testimonio y en adaptarlo a situaciones específicas comienzan con un testimonio básico acerca de su conversión. Y, sin importar cómo lo expandan o lo adapten, su testimonio sigue un bosquejo básico.

Las Escrituras proporcionan por lo menos dos recuentos detallados de ocasiones en que Pablo puso su testimonio en palabras: Hechos 22.1-15 y Hechos 26.9-20. En ambos casos Pablo usó la experiencia de su conversión como evidencia de su testimonio. Y en ambos casos mencionó cuatro hechos acerca de dicha experiencia en el mismo orden y como aparecen en la tabla de la actividad siguiente.

Lea los pasajes de Hechos 22.1-15 y Hechos 26.9-20 en su Biblia. Use la siguiente tabla para analizar el testimonio de Pablo y para identificar los cuatro componentes necesarios de un testimonio sobre la salvación. En la columna correspondiente, escriba las referencias de 2 a 4 versículos consecutivos de Hechos 22 en los cuales Pablo haya mencionada cada una de las cuatro partes de su experiencia de conversión. Luego siga las mismas instrucciones cuando Pablo puso su testimonio en palabras en Hechos 26. Deberá encon-

El respeto es algo que se obtiene de las personas cuando uno les demuestra amor, bondad y consideración.

"Porque no me avergüenzo del evangelio, porque es poder de Dios para salvación a todo aquel que cree; al judío primeramente, y también al griego" (Romanos 1.16).

trar cada uno de los cuatro componentes en 2 a 4 versículos; todos deberán aparecer en el orden indicado por la tabla. Las respuestas aparecen al final de esta sección.

	Hechos 22	Hechos 26
1. Pablo no siempre había seguido a Cristo.		
2. Dios comenzó a obrar en la rebeldía de Pablo.		
3. Pablo recibió a Cristo como Señor.		
4. La nueva vida de Pablo se centró en los propósitos de Cristo.		

El testimonio suyo acerca de cómo conoció a Cristo es personal y único.

Tal vez lo sorprenda descubrir que la mayoría de los inconversos nunca oyó a alguien relatarles el tipo de información que compartía Pablo al testificar. Cada experiencia de conversión es diferente. Por lo tanto, el testimonio suyo acerca de cómo conoció a Cristo es personal y único. Es una evidencia que sólo usted puede proporcionar. Nadie más puede reproducirla.

A pesar de que su experiencia de conversión es única, probablemente pueda bosquejarse en buena medida como Pablo bosquejaba su experiencia, especialmente si usted recibió a Cristo en edad adulta. Al expresar su testimonio, explique los cuatro mismos tipos de información que usaba Pablo, aunque la evidencia en sí sea bastante diferente.

Escriba cuatro hechos acerca de su conversión que debe narrar a los inconversos.

1. Mi vida y actitudes antes de seguir a Cristo:

_____

2. Cómo me di cuenta de que Dios me hablaba:

_____

3. Cómo me convertí a Cristo:

_____

4. Qué significa para mí ser cristiano.

_____

Usted no necesita preparar suficiente material como para un sermón. Testificar no es predicar, sino proporcionar evidencia. Si puede desarrollar incluso un testimonio de un minuto de duración acerca de su experiencia de conversión, encontrará muchas oportunidades para exponerlo. En la semana 4 dará los pasos siguientes para escribir su testimonio.

Verifique si identificó los siguientes versículos en la tabla de componentes de los testimonios de Pablo: Hechos 22: vv. 3-5,6-9,10-13,14-15. Hechos 26: vv. 9-12,13-18,19-20.

¿QUÉ EXPERIENCIAS TUVO ESTA SEMANA?

Repase la sección "Mi andar con el Maestro en esta semana" al comienzo del material para esta semana. Marque las actividades que haya completado con una línea vertical en el diamante. Termine toda actividad incompleta. Piense en lo que dirá durante la sesión de grupo acerca de su trabajo en tales actividades.

Como resultado del estudio "Dominar nuestras emociones" espero que tenga más confianza en su capacidad para actuar de maneras que honren a Cristo, mientras el Espíritu Santo lo ayuda a dominar sus emociones. Puede que no sea posible lograr instantáneamente los resultados ideales. Se requiere práctica para cambiar viejos hábitos. No se desanime si ocasionalmente regresa a las antiguas conductas descontroladas. Cuando le suceda, pida perdón a Dios y ruegue que le haga experimentar la presencia del Espíritu Santo en su vida para ayudarlo a tomar mejores decisiones.

[1]Los siguientes materiales para grupos de apoyo cristocéntricos se recomiendan para ayudar a las personas a comprender mejor sus emociones:

McGee, Robert S. *Search for Significance* [La búsqueda de lo importante]. Nashville: LifeWay Press, 1992.

McGee, Robert S., Pat Springle, Jim Craddock, Dale W. McCleskey. *Breaking the Cycle of Hurtful Family Experiences* [Cómo romper el ciclo de experiencias familiares dañinas]. Nashville: LifeWay Press, 1994.

Sledge, Tim. *Making Peace with Your Past* [Haga las paces con su pasado]. Nashville: LifeWay Press, 1992.

Springle, Pat, Susan Lanford. *Untangling Relationships* [Desenredemos las relaciones]. Nashville: LifeWay Press, 1993.

Testificar no es predicar, sino proporcionar evidencia.

No se desanime si ocasionalmente regresa a las antiguas conductas descontroladas.

SEMANA 4

Presente su cuerpo

La meta de esta semana
Será capaz de someter su cuerpo al señorío de Cristo y glorificar así a Dios.

Mi andar con el Maestro en esta semana
Completará las siguientes actividades para desarrollar las seis disciplinas bíblicas. Cuando haya completado cada actividad trace una línea vertical en el diamante que aparece junto a la actividad.

DEDICARLE TIEMPO AL MAESTRO
◇ Tenga un tiempo devocional cada día y procure lograr la meta de hacerlo durante 21 días seguidos. Marque los días en que tenga su devocional esta semana. ❑ Domingo ❑ Lunes ❑ Martes ❑ Miércoles ❑ Jueves ❑ Viernes ❑ Sábado

VIVIR EN LA PALABRA
◇ Lea su Biblia diariamente. Escriba qué le dijo Dios y qué le dijo usted a Él.
◇ Memorice 1 Corintios 6.19-20.
◇ Repase Filipenses 2.13, Romanos 12.1-2 y Gálatas 5.22-23.
◇ Escriba los puntos más importantes del sermón en el formulario titulado "Escuche la Palabra".

ORAR CON FE
◇ Ore cada día para tener victoria en Cristo.

TENER COMUNIÓN CON LOS CREYENTES
◇ Cuéntele a un amigo cómo empezó a preparar su testimonio en la semana 3. Explíquele lo que ya escribió en el bosquejo y cómo lo desarrollará.

TESTIFICAR AL MUNDO
◇ Trabaje en la elaboración de su testimonio usando las ideas presentadas en "Pautas para redactar su testimonio".

MINISTRAR A OTROS
◇ Aprenda los "pasos hacia una vida victoriosa", la sección "¿Quién es usted?" y las partes de la personalidad del discípulo.

Versículo para memorizar esta semana
"¿O ignoráis que vuestro cuerpo es templo del Espíritu Santo, el cual está en vosotros, el cual tenéis de Dios, y que no sois vuestros? Porque habéis sido comprados por precio; glorificad, pues, a Dios en vuestro cuerpo y en vuestro espíritu, los cuales son de Dios" (1 Corintios 6.19-20).

DÍA 1

Sométase a Dios

Cuando estuve de misionero en Indonesia, escuché a Bill Tisdale, otro misionero de las Filipinas, hablar sobre cómo someter el cuerpo al Señor. Él dijo:

Algunas veces tenemos inconvenientes en someternos a Dios. Tratamos de someter nuestro espíritu a Dios y le decimos que queremos dedicar nuestra vida. Aquí tenemos un ejemplo de cómo presentar a Cristo los miembros de nuestro cuerpo, uno por uno, para que Él los use. Usted puede decir: "Señor, aquí están mis ojos, quiero dártelos. Quiero que vean sólo las cosas que tú quieres que vea. Ayúdame a ver las cosas que tú quieres que vea y a evitar ver las que tú no quieres. Aquí están mis manos, quiero dártelas. Haz que mis manos realicen lo que tú quieres. Ya no quiero usar mis manos sólo para mí. Quiero que tú las uses. Aquí están mis pies. Guíalos para que vayan donde tú quieras que se dirijan. Quiero que tengas el señorío de mi cuerpo". Puede pensar en cada parte de su cuerpo y consagrársela a Cristo.

Esta ilustración me ayudó a presentar mi cuerpo como sacrificio vivo a Cristo para que Él pueda hacer la obra. Cada vez que me veía tentado a dejar que una parte de mi cuerpo me dominara, le entregaba esa parte a Cristo para que Él fuera el Señor y la usara para su gloria.

Él me ha dado el estómago para que pueda vivir, no para excederme en la comida, por lo tanto Él puede ayudarme a controlar mi apetito. Santiago 3.6 dice que la lengua es un fuego, pero que si se la presento a Dios, no diré nada que Él no quiera. Me morderé la lengua antes de decir algo inapropiado. Si presento mis oídos a Dios, oiré aquello que honra a Dios. ¿Su cuerpo y sus sentimientos se enseñorean de usted?

Cuando se mira en el espejo, se ve:
❏ ¿alegre?   ❏ ¿triste?   ❏ ¿enojado?

Hoy considerará la relación de su cuerpo con su vida espiritual. Al final del estudio de esta semana podrá responder estas preguntas en forma diferente.

- Nombre tres funciones del cuerpo humano
- Describa tres realidades acerca de la naturaleza de su cuerpo
- Marque la diferencia entre el cuerpo y la carne
- Aplique la encarnación, la crucifixión y la resurrección de Cristo en el uso de su cuerpo
- Explique cómo usar su cuerpo para la gloria de Dios.

Usted puede tomar cada miembro de su cuerpo y presentárselo a Cristo para que lo use.

"Y la lengua es un fuego, un mundo de maldad. La lengua está puesta entre nuestros miembros, y contamina todo el cuerpo, e inflama la rueda de la creación, y ella misma es inflamada por el infierno" *(Santiago 3.6).*

"Entonces Jehová Dios formó al hombre del polvo de la tierra, y sopló en su nariz aliento de vida, y fue el hombre un ser viviente" (Génesis 2.7).

EL PROPÓSITO DE DIOS PARA SU CUERPO

Dios creó el cuerpo de Adán del polvo de la tierra (véase Génesis 2.7 en el margen). El propósito de Dios era que el cuerpo desarrollara tres funciones esenciales:

1. Identificarlo como una persona única, su apariencia.
2. Participar en el mundo, su conducta.
3. Comunicarse con los demás, las relaciones.

Sin un cuerpo usted no tendría contacto con el mundo físico.

Dé un ejemplo de cómo su cuerpo le permite participar en el mundo por medio de cada una de estas tres funciones:

1. Identificación como una persona única: _____

_____

2. Participación en el mundo: _____

_____

3. Comunicación con los demás: _____

_____

Tal vez haya respondido algo así: 1. Nadie es como yo. Mi apariencia le permite a los demás identificarme. 2. Puedo participar en el mundo y ocuparme de los asuntos de Dios. 3. El lenguaje y los gestos son importantes para la expansión del evangelio.

Su cuerpo le permite influir en la creación. Debido a su movilidad, puede ir de un lugar a otro para llevar a cabo las tareas que Dios le dio. Debido a la fortaleza, puede aceptar la misión que le encomendó.

Después de leer Génesis 1.27-28 en el margen, mencione tres verbos que expresen tres propósitos diferentes que Dios tuvo para el ser humano.

_____

Dios espera que usted dé fruto, se reproduzca y domine la tierra y la haga útil, y que se enseñoree y tenga autoridad sobre las criaturas vivientes. Su cuerpo lo hará sentir como en su casa en el orden de lo creado.

¿De qué manera las tres funciones del cuerpo lo ayudan a realizar lo que Dios le ha pedido que haga en relación al mundo?

Identificación, apariencia: _____

_____

"Y creó Dios al hombre a su imagen, a imagen de Dios lo creó; varón y hembra los creó. Y bendijo Dios, y les dijo: Fructificad y multiplicaos; llenad la tierra, y sojuzgadla, y señoread en los peces del mar, en las aves de los cielos, y en todas las bestias que se mueven sobre la tierra" (Génesis 1.27-28).

Participación, conducta: _____

_____

Comunicación, relación: _____

_____

Las respuestas podrían ser: Debido a la identificación, o mi apariencia, alguien podría querer llegar a conocerme. Si nos enamoramos y Dios quiere que nos casemos, formaremos una familia donde nacerán los hijos. Debido a la participación, o mi conducta, puedo tener el dominio sobre otras criaturas y la capacidad para hacer lo que Dios me ha encomendado en el mundo. Debido a la comunicación, la manera en que me relaciono con los demás, me hace posible ser líder, tomar decisiones y comunicarlas.

↑ **Vuelva a la página 72 y lea en voz alta el versículo para memorizar de esta semana, 1 Corintios 6.19-20. ¿Cómo quiere Dios que usted valore su cuerpo?**

Dios quiere que tenga a su cuerpo en alta estima porque en él mora el Espíritu Santo y usted querrá darle la mejor morada.

Ser disciplinado no es mi naturaleza. He descubierto que lo que marca la diferencia es el control del Espíritu Santo y no el control que yo pueda tener sobre mí mismo. El Espíritu Santo puede tener el control y no yo. Por lo cual me repito una y otra vez: "Señor, no puedo controlarlo, hazlo tú". Luego Él toma control de la situación y domina la parte de mi cuerpo que podría llevarme a usarlo mal o a aplicarlo incorrectamente.

↑ **Deténgase y pídale al Espíritu Santo que obre en su vida para que cada día pueda alcanzar la victoria con Dios, en el control de su cuerpo y de su mente.**

EN EL TALLER DEL CARPINTERO
Una manera de ganar el control de su cuerpo es esforzándose por cambiar el carácter. El Espíritu Santo lo puede ayudar a cambiar su carácter cuando usted está en Cristo. ¿Qué está haciendo para despojarse de su vieja naturaleza y apropiarse de la nueva?

Lea los pasajes que aparecen en el margen relacionados con el tema del abuso del cuerpo. En los versículos que se encuentran debajo del título "El proceder del mundo" identifique una conducta específica de la cual quiera librarse. En los versículos que se encuentran

GUÍA DIARIA DE COMUNIÓN CON EL MAESTRO

SANTIAGO 3.1-12

Qué me dijo Dios:

_____

Qué le dije yo a Dios:

_____

El proceder del mundo

"Por lo tanto, no seáis insensatos, sino entendidos de cuál sea la voluntad del Señor. No os embriaguéis con vino, en lo cual hay disolución; antes bien sed llenos del Espíritu" (Efesios 5.17-18).

"Y manifiestas son las obras de la carne, que son: adulterio, fornicación, inmundicia, lascivia, idolatría, hechicerías, enemistades, pleitos, celos, iras, contiendas, disensiones, herejías, envidias, homicidios, borracheras, orgías, y cosas semejantes a estas; acerca de las cuales os amonesto, como ya os lo he dicho antes, que los que practican tales cosas no heredarán el reino de Dios" (Gálatas 5.19-21).

"Haced morir, pues, lo terrenal en vosotros: fornicación, impureza, pasiones desordenadas, malos deseos y avaricias, que es idolatría" (Colosenses 3.5).

El proceder del Espíritu

"Antes bien sed llenos del Espíritu" (Efesios 5.18).

"Andad en el Espíritu, y no satisfagáis los deseos de la carne" (Gálatas 5.16).

"Si, pues, habéis resucitado con Cristo, buscad las cosas de arriba, donde está Cristo sentado a la diestra de Dios. Poned la mira en las cosas de arriba, no en las de la tierra. Porque habéis muerto, y vuestra vida está escondida con Cristo en Dios" (Colosenses 3.1-3).

debajo del título "El proceder del Espíritu" identifique una conducta que pueda reemplazar a la antes mencionada. Cada día de la semana anotará el progreso que está haciendo. Si este asunto es muy personal y privado puede anotarlo en alguna otra parte, pero por favor, hágalo siempre.

Aquí le doy un ejemplo.

Una conducta de la cual quiero librarme: tomar bebidas que sean dañinas para mí cuando tengo que tratar con el dolor emocional.

Una acción que realizaré para reemplazar la conducta de la vieja naturaleza: buscar un grupo de apoyo para personas alcohólicas que me ayude.

Una acción que desarrollaré permitiéndole al Espíritu Santo que me haga más como Cristo: enfrentar el dolor y confiar en el poder de Cristo para sobreponerme a las dificultades.

Inténtelo usted.

Una conducta de la cual quiero librarme: _____

Una acción que realizaré para reemplazar la conducta de la vieja naturaleza: _____

Una acción que desarrollaré permitiéndole al Espíritu Santo que me haga más como Cristo: _____

 Lea Santiago 3.1-12 durante su devocional, donde se habla del poder de la lengua. Luego complete la guía diaria de comunión con el Maestro en el margen de la página 75.

¿Cómo está progresando en la preparación por escrito de su testimonio? La preparación de su testimonio y el aliento del grupo de *Vida discipular* lo ayudarán a testificar más. Cuéntele a algún creyente amigo suyo que ya ha empezado a preparar su testimonio en la semana tres. Explíquele lo que escribió en el bosquejo y cómo lo desarrollará.

DÍA 2

Haga las cosas a su manera

El día uno usted aprendió que Dios tenía un plan para que la humanidad siguiera con respecto al uso del cuerpo. Su propósito era que las personas llenaran la tierra, la sojuzgaran y la gobernaran. Pero los primeros seres humanos fallaron en hacer lo que Dios pidió. En lugar de ser compañeros de Dios gobernando el mundo, prefirieron hacer las cosas a su manera. El resultado fue el caos. Por lo tanto sus cuerpos fueron invadidos por la naturaleza pecaminosa.

¿Qué otra palabra se usa para *cuerpo* que significa *naturaleza pecaminosa*?

_____

La palabra *carne* según se traduce en la Biblia tiene dos significados: *el cuerpo físico* y *la naturaleza pecaminosa*.

LO QUE DIOS ESPERA

Dios creó el cuerpo humano para el bien, pero cuando la gente pecó, su cuerpo se vio afectado. A pesar de que el cuerpo en sí mismo no es malo, es débil y susceptible a la carne (la naturaleza pecaminosa). Dios espera que usted lo honre con su cuerpo y que deje a un lado la carne o la naturaleza pecaminosa. El cuerpo tiene la capacidad de hacer lo bueno si la carne no está en control.

Lea los pasajes que están en el margen y que describen la posibilidad de usar el cuerpo para bien. Luego establezca la correspondencia entre las citas y las oraciones que resumen la idea.

___ 1. Génesis 1.31	a. Jesús comparó su iglesia con su cuerpo.
___ 2. Juan 1.14	b. El cuerpo humano fue creado para bien y para agradar a Dios.
___ 3. Romanos 8.23	c. Su cuerpo será redimido.
___ 4. Efesios 1.22-23	d. Jesús se encarnó en un cuerpo humano.

Su cuerpo puede ser usado para bien. El hecho de que Jesús se encarnó en un cuerpo humano nos muestra que Dios aprueba dicho cuerpo. Usted no siempre tendrá este cuerpo, pero un día será redimido para tomar la forma que Jesús quiere que tenga en el cielo. Las respuestas correctas son: 1. b, 2. d, 3. c, 4. a.

Ya estudió los tres hechos concernientes a la naturaleza humana. Escriba qué significa para usted la siguiente declaración.

"*Y vio Dios todo lo que había hecho, y he aquí que era bueno en gran manera. Y fue la tarde y la mañana del día sexto*" (Génesis 1.31).

"*Y aquel Verbo fue hecho carne, y habitó entre nosotros (y vimos su gloria, gloria como del unigénito del Padre), lleno de gracia y de verdad*" (Juan 1.14).

"*Y no sólo ella, sino que también nosotros mismos, que tenemos las primicias del Espíritu, nosotros también gemimos dentro de nosotros mismos, esperando la adopción, la redención de nuestro cuerpo*" (Romanos 8.23).

"*[Dios] sometió todas las cosas bajo sus pies, y lo dio por cabeza sobre todas las cosas a la iglesia, la cual es su cuerpo, la plenitud de Aquel que todo lo llena en todo*" (Efesios 1.22-23).

1. Dios creó el cuerpo para bien.

_____

2. Algo sucede en el cuerpo cuando la carne lo domina.

_____

3. Dios creó el cuerpo para valerse de él.

_____

Tal vez haya respondido así: 1. Debido a que Dios creó mi cuerpo para bien, Él espera que lo cuide. 2. Debido a que he pecado, mi cuerpo está expuesto a los deseos de la carne, y debo cuidarme de ser dominado por las cosas mundanas. 3. Para Dios todo es posible, aun valerse de mi cuerpo débil para hacer el bien.

Para repasar lo que aprendió anteriormente, mencione tres funciones del cuerpo que lo llevan a participar en el mundo.

I _____

P _____

C _____

Si tiene dificultades para recordarlas, vea la lección de ayer.

EN EL TALLER DEL CARPINTERO
¿Qué adelantos está haciendo para dejar que el Espíritu Santo lo ayude a abandonar las viejas conductas y reemplazarlas por las de la nueva naturaleza?

Ayer identificó una conducta que desea abandonar para desarrollar un carácter más semejante a Cristo. Describa algún momento en el que haya dejado a un lado esta conducta.

_____

Usted crece en su fe cuando aprende a dar su testimonio cristiano.

Una manera de mantener su cuerpo alejado de aquello que no agrada a Cristo es saber quién es usted en Él. Para ello manténgase firme en su identidad con el Señor y diga sus convicciones a los demás. Usted crece en su fe cuando aprende a dar su testimonio. La semana pasada comenzó a hacer el bosquejo. Ayer conversó con un amigo acerca de ello y sus ideas para ampliar su testimonio. Hoy recibirá ayuda específica para escribir su testimonio.

Lea las siguientes pautas para redactar su testimonio.

PAUTAS PARA REDACTAR SU TESTIMONIO

A medida que tenga más práctica en presentar su testimonio se le presentarán diferentes situaciones que lo llevarán a varias maneras de hacerlo diferente. Cada vez que testifique se valdrá de una variedad de oraciones. Debido a que cada situación será única, su testimonio también será único en cada una de ellas.

Por lo general su testimonio incluirá los cuatro puntos que usó para hacer el bosquejo de la semana pasada. Sin embargo, cada situación en particular hará que tal vez hable más de uno que de los otros. O quizás descubra que la persona a quién le está dando testimonio se identifique más con ilustraciones o ejemplos.

Este material lo preparará para redactar una versión más extensa del bosquejo que ya tiene de su testimonio. Aprenderá cómo reunir material para cada punto y cómo usarlo en diferentes oportunidades.

Busque el bosquejo del testimonio y téngalo a la vista. Escriba cada título en una hoja diferente. Tome nota en las hojas mientras estudia el siguiente material. Sus metas son:
- asegurarse de decir todo lo necesario en cada parte de su testimonio;
- desarrollar una información básica que pueda adaptarse o destacar cada parte del testimonio cuando la ocasión así lo requiera.

Mi vida y actitudes antes de conocer a Cristo

Cuando usted diga cómo fue su vida antes de conocer a Cristo, no haga que todo sea negativo y malo. Hable tanto de las cosas buenas como de las malas. Esto permite que las personas se identifiquen con lo que está diciendo.

Cuente detalles interesantes de su vida que resalten que usted no es una persona común. Prepárese para hablar de:
- dónde vivía antes de ser cristiano;
- qué hacía antes de ser cristiano;
- cuáles eran sus intereses y pasatiempos antes de ser cristiano;
- sus prioridades antes de ser cristiano.

Cuente los detalles acerca de su vida que indicaban que usted realmente necesitaba algo más significativo y con más propósito o que indiquen la habilidad de sobreponerse a los fracasos. Algunos ejemplos son: el temperamento, los hábitos, la avaricia y el egoísmo. Su propósito no es confesar la maldad que había en su vida sino contar su historia.

Cuente los detalles acerca de su vida que indiquen que usted realmente necesitaba algo más significativo y con un propósito o que indiquen la capacidad de sobreponerse a los fracasos.

GUÍA DIARIA DE COMUNIÓN CON EL MAESTRO

HECHOS 16.25-34

Qué me dijo Dios:

_____

_____

_____

_____

_____

_____

_____

Qué le dije yo a Dios:

_____

_____

_____

_____

_____

_____

_____

Cómo puedo reconocer que Dios me habla

Explique de qué manera Dios comenzó a demostrarle que lo amaba cuando aún no era un creyente. Sea general para que la persona se identifique con su descripción. ¿Cómo, cuándo y dónde Dios llegó a usted? ¿Se valió de un libro, de una película o de la Escritura? ¿Qué persona(s) usó Dios? ¿Ocasionó sucesos para revelar su paciente presencia en su vida?

Cómo conocí a Cristo

Explique cómo le confió su vida a Cristo. Permita que la Biblia sea su autoridad más que lo que otro diga: "Aquí hay un versículo bíblico que me hizo comprender lo que Cristo hizo por mí: ..." Asegúrese de mencionar que oró para recibir a Cristo.

Tal vez se incline a usar un "vocabulario de iglesia". Tenga en cuenta que habrá personas que no podrán comprender esta forma de expresarse, y evítela. También considere que la persona puede sentirse intimidada por las tácticas que se valen de la presión y por la pasión de un testigo sin tacto.

Redacte cuatro declaraciones acerca de estos cuatro hechos:

- El pecado implica una vida egocéntrica. Es rechazar la voluntad de Dios en nuestras vidas.
- La paga del pecado es la separación de Dios, tanto en esta vida como en la venidera, la eternidad.
- Cristo pagó el precio del pecado cuando tomó su pecado y lo llevó a la cruz, aceptó el juicio por ello e hizo posible que el Padre lo aceptara a usted.
- Al recibir a Cristo usted reconoce que es pecador, que acepta el perdón de Dios, lo invita a entrar a su vida como Señor y Salvador, confiando en que Él hará las cosas que usted nunca podrá hacer por usted mismo.

Revise su testimonio para asegurarse de tener por lo menos una oración acerca de cada uno de estos puntos.

Qué significa para mí ser creyente

Asegúrese de no dar la impresión de que conocer a Cristo le solucionará todos los pecados automáticamente. Describa su modo de vivir como creyente. Usted tal vez no se dé cuenta de lo diferente que es su modo de vivir al de una persona inconversa. Muchas cosas que usted da por sentado serán muy significativas para un inconverso. Describa los cambios que han sucedido en su vida en las siguientes áreas:

- Relaciones con la familia
- Uso de dinero
- Propósito en la vida
- Actitud hacia la muerte
- Valoración de los amigos creyentes
- Forma de resolver los problemas, la frustración y el fracaso

Pautas para dar su testimonio

1. Hágalo corto para que el oyente no pierda el interés al escucharlo.
2. Cuente lo que le sucedió. Haga que su testimonio sea su propia historia. Use las palabras "yo", "mi" y "mío", en lugar de "usted" o "tú".
3. Evite las anotaciones negativas. No critique los grupos religiosos ni a ninguna iglesia en particular.
4. Pregúntese: Si yo fuera un inconverso, ¿qué significaría para mí?
5. Elimine los términos religiosos. Las personas inconversas no comprenden el vocabulario que se usa en la iglesia, como por ejemplo: me arrepentí, tomé una decisión por Cristo, invité a Jesús a mi corazón, caminé por el pasillo, me uní a la iglesia, fui salvo y fui bautizado.

Si usted recibió a Cristo cuando era niño

Nunca piense que su experiencia de conversión no fue lo suficientemente dramática como para contarla. Para los inconversos siempre es importante aprender cómo Dios entra en la vida de los seres humanos.

 Lea en su devocional el pasaje de Hechos 16.25-34 en el cual Pablo y Silas dan su testimonio en la cárcel. Luego complete la guía diaria de comunión con el Maestro (p. 80).

DÍA 3

¿Quién es el Señor de su cuerpo?

Un atleta que había ganado una condecoración en una competencia ocupa muchas horas de su tiempo libre ayudando a personas incapacitadas. El noticiero lo mostró ayudando a dichas personas. Unos segundos más tarde, en el mismo noticiero, se mostró cómo otro atleta había usado su vigoroso físico en forma dañina. Me da mucha tristeza cuando escucho que un exitoso atleta fue arrestado y se le presentaron cargos por drogas o por haber violado la ley de alguna otra manera.

LA BATALLA POR EL CONTROL

El potencial para usar su cuerpo de una manera positiva que honre a Cristo es enorme. Sin embargo, la realidad nos muestra, que su cuerpo aún está sujeto al pecado y la muerte.

Lea Romanos 7.18-23 en el margen. Describa una experiencia en la cual quiso hacer el bien pero resultó haciendo lo contrario.

"Y yo sé que en mí, esto es, en mi carne, no mora el bien; porque el querer el bien está en mí, pero no el hacerlo. Porque no hago el bien que quiero, sino el mal que no quiero, eso hago. Y si hago lo que no quiero, ya no lo hago yo, sino el pecado que mora en mí. Así que, queriendo yo hacer el bien, hallo esta ley: que el mal está en mí. Porque según el hombre interior, me deleito en la ley de Dios; pero veo otra ley en mis miembros, que se rebela contra la ley de mi mente, y que me lleva cautivo a la ley del pecado que está en mis miembros" (Romanos 7.18-23).

Tal vez haya respondido así: Sé que hago daño a mis hijos cuando les hablo rudamente, pero lo sigo haciendo. Sé que comer de más no es bueno para mí, pero lo sigo haciendo a pesar de mis buenas intenciones de evitarlo.

Como lo comprobó en el ejercicio anterior, la carne tiende a valerse de los sentidos y deseos de su cuerpo para enseñorearse de usted. Marque en la siguiente lista de conceptos los que alguna vez se hayan enseñoreado de usted:

❏ comida	❏ sexo	❏ trabajo
❏ dinero	❏ deportes	❏ vestimenta
❏ religión	❏ su prestigio	❏ belleza
❏ televisión	❏ educación	❏ recreación

❏ otros: _____

_____

"Porque lo que era imposible para la ley, por cuanto era débil por la carne, Dios, enviando a su Hijo en semejanza de carne de pecado y a causa del pecado, condenó al pecado en la carne" (Romanos 8.3).

"Sabiendo esto, que nuestro viejo hombre fue crucificado juntamente con él, para que el cuerpo del pecado sea destruido, a fin de que no sirvamos más al pecado. Porque el que ha muerto, ha sido justificado del pecado" (Romanos 6.6-7).

"Y si el Espíritu de aquel que levantó de los muertos a Jesús mora en vosotros, el que levantó de los muertos a Cristo Jesús vivificará también vuestros cuerpos mortales por su Espíritu que mora en nosotros. Así que, hermanos, deudores somos, no a la carne, para que vivamos conforme a la carne; porque si vivís conforme a la carne, moriréis; mas si por el Espíritu hacéis morir las obras de la carne, viviréis" (Romanos 8.11-13).

¿Se sorprendió al ver *religión* en la lista? ¿Cree usted que involucrarse en los asuntos religiosos es una manera de honrar a Cristo? Efectivamente, asistir a la iglesia y participar de la comunión con los creyentes es parte de lo que Cristo espera en la vida de un discípulo. Sin embargo, su deseo de ser muy activo en la iglesia puede estar motivado por razones no tan buenas. Tal vez, procure ganar prestigio ante los demás, y puede convertirse en un esclavo de este deseo mundano olvidando que Dios lo llama a servir en obediencia a Él.

Lea los pasajes en el margen. Escriba tres hechos que Jesús realizó para librarlo del cautiverio de la carne.

La _____ de Cristo condena el pecado en la carne (Romanos 8.3).

La _____ de Cristo lo libra de la esclavitud de un cuerpo pecaminoso (Romanos 6.6-7).

La _____ de Cristo nos da vida por medio del Espíritu, de manera tal que puede hacer morir las obras de la carne (Romanos 8.11-13).

La venida de Cristo a la tierra con un cuerpo humano (la encarnación) condena el pecado en la carne, su crucifixión lo libra a usted de la esclavitud del pecado, y su resurrección le da vida en el Espíritu. El Espíritu Santo hace que estos tres hechos de Cristo sean una realidad en su vida. La vida en el Espíritu hace que esa obra de Cristo se aplique a la vida suya.

Continúe memorizando los versículos bíblicos de 1 Corintios 6.19-20. Marque aquellos compromisos que usted tomará para honrar a Cristo con su cuerpo.

Yo:

❑ Vigilaré lo que como para solamente ingerir lo que es nutritivo;

❑ Comenzaré un programa de ejercicios físicos;

❑ Analizaré mi conducta al comer para ver si lo estoy haciendo porque realmente tengo hambre o por ansiedad;

❑ Observaré la cantidad que tomo de sustancias como la cafeína que no me nutren y me hacen sentir irritable.

❑ Dejaré de usar sustancias tales como: nicotina, alcohol u otras drogas que puedan dañar mi salud.

EN EL TALLER DEL CARPINTERO

En el ejercicio anterior marcó el compromiso que tomará. ¿Este compromiso se relaciona de alguna manera con la conducta que usted quiere dejar de lado? Describa qué ha hecho Cristo en su vida para reemplazar esa parte de su vieja naturaleza.

Ansiedad de comer sin necesidad

Tal vez le interese apuntar los sermones que escuche en las próximas semanas con respecto al tema de honrar a Cristo con su cuerpo, en lugar de permitirle el control a la carne y el pecado. Comience a prestar atención a estos sermones para que le sirvan de incentivo con respecto a este compromiso.

 Continúe usando el formulario de la página 141 titulado "Escuchemos la Palabra" para tomar notas de los sermones. Apunte especialmente los sermones referentes a los temas que está estudiando en esta semana.

 Lea Jueces 16.15-30 en su devocional de hoy. El pasaje se refiere a un personaje bíblico que usó su cuerpo para el bien y para el mal. Luego complete la guía diaria de comunión con el Maestro.

GUÍA DIARIA DE COMUNIÓN CON EL MAESTRO

JUECES 16.15-30

Qué me dijo Dios:

Nuestro cuerpo (pues) es templo de Espíritu Santo y Glorifica a Dios

_____

_____

_____

_____

Qué le dije yo a Dios:

_____

_____

_____

_____

_____

_____

_____

DÍA 4

Séale útil al Maestro

Si usted se encuentra en una situación en la que está haciendo lo opuesto a lo que está correcto, ¿qué medidas prácticas y positivas tomaría? ¿De qué manera puede hacer que Cristo sea el Señor de su cuerpo y que Él se valga de su cuerpo para usarlo en el mundo? Puede aplicar a su vida cotidiana los tres hechos que Cristo realizó para que usted tuviera la salvación.

Repase los tres hechos que estudió en el día 3.

E _____

C _____

R _____

La encarnación de Cristo condena el pecado, su crucifixión le libera del cautiverio del pecado y su resurrección le da vida por medio del Espíritu Santo.

Diga en voz alta los versículos de memoria que están en 1 Corintios 6.19-20. ¿Cómo se aplica a su cuerpo la encarnación de Cristo en usted por medio del Espíritu Santo?

_____

_____

_____

Tal vez haya escrito algo así: El Espíritu Santo vive en mí. Pertenezco a Dios y mi cuerpo existe para glorificarlo a Él. Por lo tanto puedo usar mi cuerpo para sus propósitos.

La venida de Cristo a la tierra en un cuerpo humano, es decir, la encarnación, lo llevó a su crucifixión. Cristo fue crucificado por usted.

Lea los versículos que están en el margen de esta hoja y la siguiente. Responda esta pregunta: ¿De qué manera se aplica a su cuerpo la aceptación que usted ha hecho con respecto a la crucifixión de Cristo como sustituto de la suya?

1. Romanos 6.6 _____

_____

"Sabiendo esto, que nuestro viejo hombre fue crucificado juntamente con él, para que el cuerpo del pecado sea destruido, a fin de que no sirvamos más al pecado" (Romanos 6.6).

2. Colosenses 3.3-4 _____

_____

3. Gálatas 5.24-25 _____

_____

Tal vez haya respondido así: 1. Debido a que mi vieja naturaleza fue crucificada con Cristo, ya no soy más un esclavo del pecado. Soy una nueva criatura en Cristo y puedo actuar de acuerdo a ello. 2. Debido a que he muerto con Cristo, puedo considerar los miembros de mi cuerpo muertos a las obras de la carne (o he muerto a las obras de la carne). 3. Mi naturaleza pecadora, junto con sus pasiones y deseos, han muerto; de manera tal que puedo caminar en el Espíritu mientras Él dirige mis pensamientos y acciones.

Pablo dijo: "Y si morimos con Cristo, creemos que también viviremos con Él" (Romanos 6.8). Cristo resucitó y le dio un nuevo nacimiento.

INSTRUMENTOS DE JUSTICIA
Lea Gálatas 2.20 y Romanos 6.11-14 en el margen. ¿De qué manera se aplica a su cuerpo la participación suya en la resurrección de Cristo por medio de su nuevo nacimiento y la vida en Cristo?

1. Gálatas 2.20 _____

_____

2. Romanos 6.11-14 _____

_____

Tal vez haya respondido algo así: La vida que ahora vivo no es mía sino de Cristo. Él es el soberano de mi cuerpo. 2. Vivo para Dios. Dejaré que Él sea el soberano de mi cuerpo permitiéndole que use los miembros de mi cuerpo como instrumentos de justicia en sus manos en lugar de dejar que sean instrumentos del mal vivir.

Su cuerpo no será perfecto hasta que Cristo no lo haya redimido completamente en su segunda venida. Mientras tanto su identificación con la encarnación, crucifixión y resurrección de Cristo le da el potencial de justicia necesario para vivir. Los pasajes de la Escritura que ha estudiado lo instan a dejar morir las obras de la carne.

¿Cuántas veces Cristo espera que usted tome su cruz? _____
¿Cómo puede usted vivir victorioso mientras toma la cruz de Cristo cada día? Por medio de la presentación de la personalidad del discípulo usted ha aprendido que Dios tiene el control de su mente, su voluntad, sus emociones y por lo tanto también controla su alma y su cuerpo. Hoy

"Porque habéis muerto, y vuestra vida está escondida con Cristo en Dios. Cuando Cristo, vuestra vida, se manifieste, entonces vosotros también seréis manifestados con él en gloria" (Colosenses 3.3-4).

"Pero los que son de Cristo han crucificado la carne con sus pasiones y deseos. Si vivimos por el Espíritu, andemos también por el Espíritu" (Gálatas 5.24-25).

"Con Cristo estoy juntamente crucificado, y ya no vivo yo, mas vive Cristo en mi; y lo que ahora vivo en la carne, lo vivo en la fe del Hijo de Dios, el cual me amó y se entregó a sí mismo por mí" (Gálatas 2.20).

"Así también vosotros consideraos muertos al pecado, pero vivos para Dios en Cristo Jesús, Señor nuestro. No reine, pues, el pecado en vuestro cuerpo mortal, de modo que lo obedezcáis en sus concupiscencias; ni tampoco presentéis vuestros miembros al pecado como instrumentos de iniquidad, sino presentaos vosotros mismos a Dios como vivos de entre los muertos, y vuestros miembros a Dios como instrumentos de justicia. Porque el pecado no se enseñoreará de vosotros; pues no estáis bajo la ley, sino bajo la gracia" (Romanos 6.11-14).

GUÍA DIARIA DE COMUNIÓN CON EL MAESTRO

JUAN 20.1-18

Qué me dijo Dios:

_____

_____

_____

_____

_____

_____

_____

Qué le dije yo a Dios:

_____

_____

_____

_____

_____

_____

_____

_____

aprenderá otro aspecto de la personalidad del discípulo "Pasos hacia una vida victoriosa".

ESTUDIO DE LA PERSONALIDAD DEL DISCÍPULO
Lea la sección "Pasos hacia una vida victoriosa" (p. 137) en la presentación de la personalidad del discípulo.

Debajo de la ilustración de la personalidad del discípulo escriba los elementos de un creyente espiritual que aprendió en la semana 3. Luego escriba *Filipenses 2.13* debajo de *voluntad*, *Efesios 5.18* debajo de *Espíritu*, *Romanos 12.2* debajo de *mente*, *Gálatas 5.22-23* debajo de *emociones*, *Romanos 6.12-13* debajo de *carne*, *1 Corintios 6.19-20* a un costado del círculo y *Romanos 12.1* del otro lado. Con excepción de dos versículo, todos los demás han sido textos para memorizar en este estudio. Estos dos restantes serán los versículos para memorizar en las semanas 5 y 6. Vea el diagrama de la personalidad del discípulo (pp. 133-139) si necesita ayuda. Al finalizar este estudio será capaz de hacer el dibujo completo de la personalidad del discípulo y explicarlo con sus propias palabras.

Hoy lea Juan 20.1-8 en su devocional, el pasaje describe la resurrección de Jesús. Vea cómo le habla Dios por medio de este pasaje. Luego complete la guía diaria de comunión con el Maestro en el margen.

DÍA 5

Un sacrificio vivo

Romanos 12.2 dice que usted debe presentar su cuerpo como sacrificio vivo. ¿Qué significa esto? Piense en los tiempos antes de Jesús cuando las personas presentaban animales en los sacrificios. Cristo vino para cambiar esa costumbre al morir en la cruz como el sacrificio supremo. Cristo quiere que usted esté dispuesto a servirle, no como un sacrificio muerto sino vivo. Él no desea sacrificios de cosas materiales sino vidas que le sirvan. Él no quiere su vida "a medias". Quiere una vida totalmente dedicada a Él.

Cristo quiere una vida totalmente dedicada a Él.

Si presenta su cuerpo como sacrificio vivo, ¿qué significará eso para usted?

_____

_____

Tal vez haya respondido así: Si presento mi cuerpo como sacrificio vivo para que el Maestro lo use, significa que seré algo más que un cristiano de nombre. Significa que haré más que hablar de mi fe. Sacrificaré cada área de mi vida para Él y comprometeré mi cuerpo a vivir en santidad y justicia.

CONSAGRADOS AL SERVICIO DE CRISTO

En el día uno les conté acerca del misionero Bill Tisdale, quien regularmente oraba para que cada parte de su cuerpo estuviese al servicio de Cristo. ¿Lo haría usted también?

Escriba cómo usará cada parte de su cuerpo a medida que se lo presente a Dios para Su gloria.

Manos: _____

_____

Ojos: _____

_____

Pies: _____

_____

Estómago: _____

_____

Órganos sexuales: _____

_____

Oídos: _____

_____

Lengua: _____

_____

Dibuje una estrella al lado del área que usted sienta que más debe someter al Señor.

Deténgase y ore para que Dios quite las barreras que le impiden someter cada miembro de su cuerpo al servicio del Maestro. Pídale que lo ayude a reconocer la presencia del Espíritu Santo cuando esté tentado a usar dicha parte de su cuerpo en forma incorrecta.

El día uno aprendió que Dios tuvo el propósito de crear su cuerpo para que cumpliese con tres funciones:
- Identificarlo como una personalidad distinta
- Participar en el mundo
- Comunicarse con los demás

Escriba una manera en la que se comprometerá a usar las funciones de su cuerpo al servicio de Dios.

Identificarlo como una personalidad distinta: _____

_____

Participar en el mundo: _____

_____

Comunicarse con los demás: _____

_____

Teniendo en cuenta la relación entre el cuerpo y su vida espiritual responda a esta pregunta: Si usted fuese a presentar su cuerpo como

sacrificio vivo para la gloria de Dios ¿de qué manera su cuerpo lo haría sentir?

❏ contento   ❏ triste   ❏ enojado

Presentar su cuerpo a Dios puede llegar a ser la experiencia más grata del mundo. Usted puede decidir cómo ha de reaccionar su cuerpo a las situaciones. Recuerde que en la ilustración sobre la personalidad del discípulo, su voluntad está ubicada en la posición que decide entre la carne y el espíritu. Si elige cerrar la puerta de la carne, dicha puerta permanecerá cerrada. La decisión de presentar su cuerpo como sacrificio vivo significa que usted prefirió cerrar la puerta de la carne. Con la ayuda del Espíritu Santo usted puede cambiar los malos hábitos y dejar toda su vida en las manos del Maestro, no tan sólo una parte.

Con la ayuda del Espíritu Santo usted puede cambiar los malos hábitos y dejar toda su vida en las manos del Maestro, no tan sólo una parte.

¿Presentará usted su cuerpo en sacrificio vivo para la gloria de Dios?
❏ Sí ❏ No De ser así, dígaselo a Dios en oración en este momento.

ESTUDIO DE LA PERSONALIDAD DEL DISCÍPULO

Lea la sección "¿Quién es usted?" (p. 139) en la presentación de la personalidad del discípulo.

Responda las siguientes preguntas.
- ¿Es usted una persona natural cuyo espíritu está muerto? ¿Está usted controlado por sus sentidos corporales y sus deseos naturales? ❏ Sí ❏ No
- ¿Es usted un creyente carnal que le ha permitido a Cristo entrar en su vida pero que aún está siendo gobernado por los deseos de la carne? ¿La vieja naturaleza está aún en control? ❏ Sí ❏ No
- ¿Es usted un creyentes espiritual que ha sido crucificado con Cristo y está siendo controlado por el Espíritu Santo? ❏ Sí ❏ No

Lea 1 Tesalonicenses 5.23-24 que está en el margen. ¿Qué dicen estos versículos acerca del apoyo que usted tiene para vivir una vida sin culpa?
❏ Vivir una vida sin culpa es muy difícil; todo depende de mí y no puedo hacerlo.
❏ El Señor Jesucristo quien me llamó me dará la fortaleza para usar mi cuerpo y mi espíritu correctamente.

Estos versículos nos aseguran que el Señor, quien nos llamó para servirle, será fiel en ayudarlo a actuar de la manera correcta. Él le ha dado el Espíritu Santo para ayudarlo en este desafío diario.

A continuación está la ilustración con los espacios en blanco para que usted agregue las referencias bíblicas que corresponden según lo que aprendió ayer. Muchos de estos versículos bíblicos los aprendió en este estudio. Dígalos en voz alta

"Y el mismo Dios de paz os santifique por completo; y todo vuestro ser, espíritu, alma y cuerpo, sea guardado irreprensible para la venida de nuestro Señor Jesucristo. Fiel es el que os llama, el cual también lo hará" (1 Tesalonicenses 5.23-24).

a medida que los escribe en la ilustración. Vea el diagrama de la personalidad del discípulo (pp. 133-139) si necesita ayuda. Al terminar este estudio podrá completar el dibujo de la personalidad del discípulo y explicarlo con sus propias palabras.

El cristiano espiritual
Gá 2.20

La presentación de la personalidad del discípulo se ha usado varias veces para ganar personas para Cristo. Durante el pastorado de David Carter en la Florida, fue a visitar una pareja que ya había visitado anteriormente. La mujer era creyente pero el esposo no, y siempre era reacio a escuchar la presentación del evangelio. Esta vez, el pastor decidió usar la personalidad del discípulo para confrontar al hombre con su condición espiritual. Dibujó los dos diagramas de la persona natural y el del creyente espiritual y le preguntó al hombre quién era él. El marido apuntó el dibujo de la persona natural. David le preguntó: ¿Cuál le gustaría ser? El hombre señaló el diagrama del creyente espiritual y replicó: "Siempre he deseado ser creyente en Cristo". David guió luego al hombre en una oración para que recibiera a Jesús como su Señor y Salvador.

Después de la oración la esposa le dijo al pastor: "Yo no soy ninguno de los dos". David le replicó: "Tengo un diagrama que la podría representar a usted". Cuando él dibujó el diagrama del creyente carnal, la mujer dijo inmediatamente: "¡Esa soy yo! El pastor oró luego con ella para que volviera a consagrar su vida a Cristo.

Siempre he deseado ser creyente en Cristo.

Después de estudiar la personalidad del discípulo, usted podrá usar este diagrama para guiar a las personas a la salvación y también para ayudar a otros a:

- controlar sus emociones;
- cerrarle la puerta a Satanás;
- renovar sus mentes:
- reafirmarse y poder decirle no a la tentación.

EN EL TALLER DEL CARPINTERO

Repase el trabajo de esta semana y recuerde qué esfuerzos ha hecho para dejar a un lado su vieja naturaleza y reemplazarla por nuevas acciones y pensamientos. ¿De qué manera el Espíritu Santo lo ha ayudado a ser más semejante a Cristo? Responda las siguientes preguntas referentes al aspecto que desea cambiar que identificó en la página 76.

Algo de lo que me he librado en esta semana:

_____

Algo que Cristo ha agregado a mi carácter esta semana:

_____

Deténgase y ore. Agradézcale a Dios por ayudarle de la manera que usted le pidió. Pídale que continúe alentándolo para poder lograr un cambio.

Lea Filipenses 1.19-26 en su devocional, donde se describe la prioridad que Pablo le daba a glorificar a Cristo en su cuerpo. Luego complete la guía diaria de comunión con el Maestro.

¿QUÉ EXPERIENCIA TUVO EN ESTA SEMANA?

Repase la sección "Mi andar con el Maestro en esta semana" al comienzo del material para esta semana. Marque las actividades que haya completado con una línea vertical en el diamante. Termine toda actividad incompleta. Piense en lo que dirá durante la sesión de grupo acerca de su trabajo en tales actividades.

A medida que termine de estudiar "presente su cuerpo", es mi deseo que pueda adquirir una mejor percepción acerca de por qué usted algunas veces realiza acciones que se contraponen a sus buenas intenciones. También espero que haya consagrado cada parte de su cuerpo al servicio del Señor y que le permita al Espíritu Santo obrar cuando sea tentado a hacer lo incorrecto.

GUÍA DIARIA DE COMUNIÓN CON EL MAESTRO

FILIPENSES 1.19-26

Qué me dijo Dios:

_____

_____

_____

_____

_____

_____

_____

Qué le dije yo a Dios:

_____

_____

_____

_____

_____

_____

_____

SEMANA 5

Llénese del Espíritu

La meta de esta semana

Podrá experimentar la plenitud del Espíritu Santo.

Mi andar con el Maestro en esta semana

Completará las siguientes actividades para desarrollar las seis disciplinas bíblicas. Cuando haya completado cada actividad trace una línea vertical en el diamante que aparece junto a la actividad.

 DEDICARLE TIEMPO AL MAESTRO

◇ Tenga un tiempo devocional cada día y procure lograr la meta de hacerlo durante 21 días seguidos. Tome nota de la cantidad de minutos que le dedica diariamente a su devocional: Domingo: ____ Lunes: ____ Martes: ____ Miércoles: ____ Jueves: ____ Viernes: ____ Sábado: ____

 VIVIR EN LA PALABRA

◇ Lea su Biblia diariamente. Escriba qué le dice Dios y qué le dice usted a Él.
◇ Memorice Efesios 5.18.
◇ Repase Filipenses 2.13, Romanos 12.1-2 y Gálatas 5.22-23 y 1 Corintios 6.19-20.
◇ En el formulario titulado "Escuchemos la Palabra" escriba apuntes de un sermón o un estudio bíblico para aplicarlos a su vida esta semana.

 ORAR CON FE

◇ Ore por personas en su círculo de influencia.

TENER COMUNIÓN CON LOS CREYENTES

◇ Converse con otro miembro de la iglesia acerca de lo que Dios hace en su vida. Hable tanto de conflictos como de victorias.

TESTIFICAR AL MUNDO

◇ Escriba su testimonio basado en las ideas de la sección titulada "Cómo redactar su testimonio". No deje de comentarlo con su grupo en la próxima sesión.

MINISTRAR A OTROS

◇ Explique cómo aplicar los conceptos de la personalidad del discípulo usando el pasaje de Santiago 4.1-8.

Versículo para memorizar esta semana

"No os embriaguéis con vino, en lo cual hay disolución; antes bien sed llenos del Espíritu" (Efesios 5.18).

DÍA 1

Una vida cambiada

Cuando cursaba el primer año de la universidad, el Espíritu Santo puso en mi corazón el deseo abrumador de testificar de Cristo. Durante los meses siguientes, su presencia superó mi timidez natural y me impulsó hacia las calles y los bares para testificar reiteradas veces cada semana. Sin embargo, no pude llevar a ninguna persona a Cristo. Memoricé las Escrituras, estudié libros sobre cómo ganar almas y oré, pero me faltaba algo.

Un día recibí un folleto que relataba experiencias de D.L. Moody, R.A. Torrey, Billy Sunday, Billy Graham y otros cuyos ministerios se transformaron luego de experimentar la plenitud del Espíritu Santo. Yo sentía un ardiente deseo de que Dios me usara, pero nadie me decía cómo sería. Finalmente, un amigo me prestó el libro de R.A. Torrey titulado *The Holy Spirit: Who He Is and What He Does* [El Espíritu Santo: Quién es y lo que hace]. Por primera vez me di cuenta de que el Espíritu Santo es una persona que nos posee a nosotros, en lugar de un poder, una influencia o una actitud que poseemos.

Aprendí que el Espíritu Santo que mora en mí desea llenarme para que yo sirva. A la noche siguiente ya había terminado de leer el libro y estaba listo para seguir sus instrucciones y experimentar la plenitud del Espíritu Santo. Confesé todos mis pecados, me presenté completamente a Dios y con fe le pedí que el Espíritu Santo me llenara. Al confesar mis pecados, reconocí cuánto me amaba el Espíritu Santo y cuánto se había entristecido porque lo había pasado por alto. Luego presenté mi cuerpo, mi voluntad, mis emociones, mi mente y mi espíritu para que Dios me usara de cualquier manera. Acepté por fe la plenitud del Espíritu Santo sin ninguna manifestación o señal externa. Le dije a Dios "Aceptaré que el Espíritu me ha llenado por mi fe en la Palabra, no importa lo que suceda después". Inmediatamente experimenté una profunda conciencia del amor del Espíritu, la cual se ha fortalecido con el paso de los años a medida que mi relación con Dios se ha profundizado.

Al día siguiente cuando asistí a clase, tenía tanta conciencia de la presencia del Espíritu que deseaba caminar a un lado de la acera para permitir que el Espíritu caminara junto a mí. Esa noche testifiqué a un niño en la calle y él recibió a Cristo como su Salvador. Dos noches más tarde dos adolescentes recibieron a Cristo. La siguiente noche un hombre hizo su profesión de fe, y al otro día, otro hombre también la hizo.

Le comenté a un amigo: "No veo cómo esto pueda continuar. Cada noche que salgo a testificar, alguien recibe a Cristo". Esa noche nadie lo hizo. Pedí perdón por atreverme a pensar que yo mismo había ganado a esas personas para Cristo. Dios volvió a llenarme con su Espíritu cuan-

El Espíritu Santo es una persona que nos posee, en lugar de un poder, una influencia o una actitud que poseemos.

GUÍA DIARIA DE COMUNIÓN CON EL MAESTRO

HECHOS 2.1-21

Qué me dijo Dios:

_____

_____

_____

_____

_____

_____

Qué le dije yo a Dios:

_____

_____

_____

_____

_____

_____

do decidí confesar mi pecado, rendirme a Él y pedir con fe. Una vez más, las personas a quienes testifiqué recibieron a Cristo.

Durante los años posteriores a esa experiencia, el Espíritu Santo me ha enseñado que el secreto es llenarse para cada tarea. Miles de veces al pecar, le he pedido que vuelva a llenarme, y así lo ha hecho.

La plenitud del Espíritu fortalece y da diferentes dones a diferentes personas, y en cada caso el resultado glorifica a Cristo y atrae a otros hacia Él.

En el relato anterior, ¿cuál fue el momento crucial en el cual Dios pudo hacer en mi vida lo que Él deseaba?

_____

El momento crucial de mi experiencia fue cuando pedí con fe que el Espíritu Santo me llenara después de haber confesado mis pecados y haberme rendido a Dios.

El Espíritu Santo mora en el corazón de toda persona que ha nacido del Espíritu. Romanos 8.16 dice: "El Espíritu mismo da testimonio a nuestro espíritu, de que somos hijos de Dios". No obstante, no todo creyente experimenta la plenitud del Espíritu. (Véase Ro 8.9.)

Vuelva a leer Romanos 8.16. ¿Mora el Espíritu Santo en usted?
❑ Sí   ❑ No   ❑ No estoy seguro

Si le entregó su vida a Cristo, Él vive en usted a través de su Espíritu. Sin embargo, puede que ahora esté lleno del Espíritu Santo o puede que no lo esté.

Lea Efesios 5.18: "No os embriaguéis con vino, en lo cual hay diso-lución; antes bien sed llenos del Espíritu".

¿Está usted lleno del Espíritu Santo ahora? ❑ Sí ❑ No ❑ No estoy seguro

Dios quiere que su personalidad esté llena y rebosante del Espíritu Santo. Al rendirse a Dios, Él se hace cargo de cada aspecto de su perso-nalidad. Su ser interior se completa integralmente mientras usted expe-rimenta una comunión constante con Él.

El propósito del estudio de esta semana es explicarle el propósito de Dios al llenarlo con el Espíritu Santo. Como resultado del estudio de esta semana, usted podrá:
- Explicar la relación entre el Espíritu de Dios y el espíritu humano.
- Escribir cuatro hechos importantes acerca de la plenitud del Espíritu Santo.
- Identificar dos propósitos de dicha plenitud y explicar la manera en que Dios cumple cada propósito.
- Escribir los tres pasos hacia la plenitud del Espíritu Santo.

QUÉ SIGNIFICA EXPERIMENTAR LA PLENITUD

Que el Espíritu de Dios more en usted es muy diferente de experimentar su plenitud. Pedro es un buen ejemplo de tal diferencia.

El Espíritu de Cristo ya moraba en Pedro, incluso antes de Pentecostés. Juan 20.22 dice "Y habiendo dicho esto, [Cristo] sopló, y les dijo: Recibid el Espíritu Santo". El versículo relata que Jesús sopló para que los discípulos recibieran el Espíritu Santo. Esto les permitiría hacerse cargo de la misión de Cristo, la cual podrían llevar a cabo sólo bajo la orientación del Espíritu. Sin embargo, a pesar de que el Espíritu de Cristo ya moraba en Pedro, hubo un cambio substancial en la vida de éste en Pentecostés. Cuando el Espíritu Santo descendió en plenitud sobre la iglesia, Pedro fue lleno del Espíritu.

Antes de Pentecostés, Pedro era un individuo miedoso que había negado a Jesús y un individuo temperamental que le había cortado la oreja a un soldado con una espada. Después de Pentecostés no se ve evidencia de inestabilidad o superficialidad en Pedro. Se volvió una persona totalmente diferente. Comenzó a predicar con valentía, permitió que Dios obrara milagros por medio de él, proclamó a Cristo mientras arriesgaba su vida y se expresó con certeza y fe.

EXPERIMENTEMOS EL PODER DEL ESPÍRITU

El Espíritu Santo mora en toda persona que ha recibido a Cristo. Lea el pasaje de 2 Corintios 1.21-22 que aparece en el margen.

Sin embargo, una copa que contiene poca agua es muy diferente de otra que está llena y rebosa. Por eso, Jesús se refirió a la experiencia de que el Espíritu "se desborde" en el interior suyo. Lea el pasaje de Juan 7.38-39 que aparece en el margen.

El Espíritu Santo quiere fluir desde el interior suyo como el agua viva que mencionó Jesús. Según el libro de Hechos, cada vez que los discípulos se encontraban con personas que no eran llenas del Espíritu, oraban para que las mismas experimentaran la plenitud. Entonces Dios moraría en la vida de ellas.

 El versículo para memorizar esta semana es Efesios 5.18. Vuelva a la página 92 y léalo en voz alta.

Los cristianos de hoy enfrentan el mismo problema que desafiaban los discípulos: pelear batallas espirituales con recursos humanos. Hay una mayoría de cristianos que vive y sirve como si Pentecostés jamás hubiera ocurrido. Tratan de obedecer los mandamientos de Cristo con sus propias fuerzas; sin embargo se sorprenden por la frecuencia con que Satanás los supera en astucia y poder. Hacen caso omiso de la misión del Espíritu Santo, quien vino a continuar las funciones de Jesús, al inspirar, facultar y guiar a los cristianos. Para ellos, la tercera persona de la Trinidad, el Espíritu Santo, es casi "el Dios no conocido". Piensan en Él como si fuera una influencia, una actitud o un modo para expresar el hecho de que Dios está en todas partes.

"Y el que nos confirma con vosotros en Cristo, y el que nos ungió, es Dios, el cual también nos ha sellado, y nos ha dado las arras del Espíritu en nuestros corazones" (2 Corintios 1.21-22).

"En el último y gran día de la fiesta, Jesús se puso en pie y alzó la voz, diciendo: Si alguno tiene sed, venga a mí y beba. El que cree en mí, como dice la Escritura, de su interior correrán ríos de agua viva" (Juan 7.38-39).

Proceder del mundo

"Pero ahora dejad también vosotros todas estas cosas: ira, enojo, malicia, blasfemia, palabras deshonestas de vuestra boca" (Colosenses 3.8).

"Y manifiestas son las obras de la carne que son: adulterio, fornicación, inmundicia, lascivia, idolatría, hechicerías, enemistades, pleitos, celos, iras, contiendas, disensiones, herejías, envidias, homicidios, borracheras, orgías, y cosas semejantes a estas; acerca de las cuales os amonesto, como ya os lo he dicho antes, que los que practican tales cosas no heredarán el reino de Dios" (Gálatas 5.19-21).

"Quítense de vosotros toda amargura, enojo, ira, gritería y maledicencia, y toda malicia" (Efesios 4.31).

Proceder del Espíritu

"Vestíos, pues, como escogidos de Dios, santos y amados, de entrañable misericordia, de benignidad, de humildad, de mansedumbre, de paciencia" (Colosenses 3.12).

"Mas el fruto del Espíritu es amor, gozo, paz, paciencia, benignidad, bondad, fe, mansedumbre, templanza; contra tales cosas no hay ley" (Gálatas 5.22-23).

"Antes sed benignos unos con otros, misericordiosos, perdonándoos unos a otros, como Dios también os perdonó a vosotros en Cristo" (Efesios 4.32).

¿Es el Espíritu Santo un amigo personal e íntimo que llena su vida? ☐ Sí ☐ No ☐ No estoy seguro

Tal vez usted trató de testificar o de dar un estudio bíblico sin confiar en el poder del Espíritu Santo. Quizás quiso solucionar un problema en su vida personal, tal como ocuparse de un hijo rebelde o mejorar una relación debilitada, sin pedirle a Dios que lo llene con su Espíritu.

La solución a su ineptitud depende de experimentar la presencia y el poder del Espíritu Santo como lo hicieron los discípulos en Pentecostés. Esa ocasión no puede repetirse, como tampoco puede repetirse la del Calvario. Sin embargo, los creyentes pueden aferrarse al poder de Pentecostés con la misma seguridad que experimentan la redención del Calvario. Esta semana usted aprendió más acerca de cómo ocurre eso.

EN EL TALLER DEL CARPINTERO

Una de las obras del Espíritu Santo es ayudar a que usted se asemeje a Jesús. Hoy elegirá otra área de su vida en la que quiera parecerse más a Cristo.

Lea los pasajes bíblicos del margen que se refieran a sentimientos de ira y conductas similares. De los versículos titulados "Proceder del mundo" identifique una conducta de la cual desee librarse. Entre los versículos titulados "Proceder del espíritu", identifique una medida que tomará para reemplazarla. Durante cada día de esta semana, tomará nota de su progreso en esta práctica.

He aquí un ejemplo.

Una conducta que deseo cambiar: Enfadarme, decir que no quiero

Una medida que tomaré para despojarme de la vieja naturaleza: Pedirle al Espíritu Santo que me enseñe cómo permitirle que me controle a mí y a mi lengua, incluso cuando alguien me irrite.

Una medida que tomaré para que el Espíritu Santo me haga más semejante a Cristo: Ser más amable y bondadoso.

Ahora experiméntelo usted.

Una conducta que deseo cambiar: _____

Una medida que tomaré para despojarme de la vieja naturaleza:

_____

Una medida que tomaré para que el Espíritu Santo me haga más semejante a Cristo:

_____

_____

Deténgase y ore para experimentar la plenitud del Espíritu Santo y para que Él obre a través de usted.

 Cuente sus conflictos y victorias a un hermano de la iglesia. Menciónele a esa persona el área de su vida que eligió para que el Espíritu Santo lo ayude a cambiar.

 Hoy, en su devocional, lea Hechos 2.1-21. Este pasaje describe el día de Pentecostés. Luego complete la guía diaria de comunión con el Maestro en la página 94.

DÍA 2

El espíritu suyo y el Espíritu de Dios

Cuando usted nace del Espíritu, su espíritu obtiene vida y así puede actuar espiritualmente. El Espíritu Santo lo ayuda a:
• entender las cosas espirituales y
• permitir que Dios obre a través de usted.

EL ENTENDIMIENTO ESPIRITUAL
Lea 1 Corintios 2.14, en el margen. ¿Qué pueden entender las personas sin la ayuda del Espíritu? Marque la respuesta correcta.
❏ Las cosas profundas de Dios
❏ Las verdades básicas de Dios
❏ Ninguna verdad espiritual

Sin el Espíritu, una persona no puede entender nada acerca de Dios.

Lea Juan 16.8-11, en el margen. En las líneas, escriba cómo el Espíritu Santo convence al mundo.

El Espíritu Santo convence a las personas de _____ por cuanto no creen en Jesús.

El Espíritu Santo convence a las personas de _____ por cuanto Jesús ascendió al Padre.

El Espíritu Santo convence a las personas de _____ al

"Pero el hombre natural no percibe las cosas que son del Espíritu de Dios, porque para él son locura, y no las puede entender, porque se han de discernir espiritualmente" (1 Corintios 2.14).

"Y cuando él venga, convencerá al mundo de pecado, de justicia y de juicio. De pecado, por cuanto no creen en mí; de justicia, por cuanto voy al padre, y no me veréis más; y de juicio, por cuanto el príncipe de este mundo ha sido ya juzgado" (Juan 16.8-11).

"Antes bien, como está escrito: Cosas que ojo no vio, ni oído oyó, ni han subido en corazón de hombre, son las que Dios ha preparado para los que le aman. Pero Dios nos las reveló a nosotros por el Espíritu; porque el Espíritu todo lo escudriña, aun lo profundo de Dios" (1 Corintios 2.9-10).

"Y nosotros no hemos recibido el espíritu del mundo, sino el Espíritu que proviene de Dios, para que sepamos lo que Dios nos ha concedido" (1 Corintios 2.12).

"Más el Consolador, el Espíritu Santo, a quien el Padre enviará en mi nombre, él os enseñará todas las cosas, y os recordará todo lo que yo os he dicho" (Juan 14.26).

"...pero recibiréis poder, cuando haya venido sobre vosotros el Espíritu Santo, y me seréis testigos en Jerusalén, en toda Judea, en Samaria, y hasta lo último de la tierra" (Hechos 1.8).

"Entonces Pedro, lleno del Espíritu Santo, les dijo: Gobernantes del pueblo, y ancianos de Israel: Puesto que hoy se nos interroga acerca del beneficio hecho a un hombre enfermo, de qué manera éste haya sido sanado, sea notorio a todos vosotros, y a todo el pueblo de Israel, que en el nombre de Jesucristo de Nazaret, a quien vosotros crucificasteis y a quien Dios resucitó de los muertos, por él este hombre está en vuestra presencia sano" (Hechos 4.8-10).

"Cuando hubieron orado, el lugar en que estaban congregados tembló; y todos fueron llenos del Espíritu Santo, y hablaban con denuedo la palabra de Dios" (Hechos 4.31).

condenar y juzgar a Satanás. Por lo tanto, todo aquel que sigue a Satanás también es condenado.

Las respuestas son *pecado, justicia* y *juicio*.

El Espíritu Santo lo ayuda a entender las verdades de Dios. Lea 1 Corintios 2.9-10, en la pág. 97. He oído aplicar este versículo a lo que hay en el cielo, pero afirma claramente que Dios, por medio de su Espíritu, ha revelado verdades que la humanidad no había conocido anteriormente.

Lea 1 Corintios 2.12 y Juan 14.26, en el margen. ¿Qué trata de enseñarle el Espíritu?

_____

El Espíritu Santo lo ayuda a recordar las enseñanzas de Cristo. Él le enseñará todas las cosas (véase Juan 16.15) y lo guiará hacia su verdad.

EL ESPÍRITU OBRA A TRAVÉS DE USTED

El Espíritu Santo no sólo le revela la verdad, sino que también hace la obra de Dios a través de usted y otros creyentes.

Lea Hechos 1.8, en el margen. ¿Qué le permite hacer el Espíritu?

_____

El Espíritu Santo le permite ser testigo de Cristo. Zacarías 4.6 dice: "No con ejército, ni con fuerza, sino con mi Espíritu, ha dicho Jehová de los ejércitos".

Lea Hechos 4.8 y Hechos 4.31, en el margen, y subraye las palabras que demuestren que la plenitud del Espíritu era el elemento clave para que Dios hablara u obrara a través de las personas.

Quizás usted subrayó palabras tales como: "Pedro, lleno del Espíritu Santo, les dijo" en el primer versículo y "todos fueron llenos del Espíritu Santo, y hablaban" en el segundo versículo.

Repase lo aprendido escribiendo a continuación las dos cosas que el Espíritu lo capacita para hacer. Verifique sus respuestas consultando la página 97.

1. _____

2. _____

DEJEMOS ENTRAR AL ESPÍRITU

El Espíritu de Dios y el espíritu humano son diferentes. Dios es divino; usted es humano. El Espíritu de Dios entra en su personalidad a través de su espíritu humano. Usted es responsable de permitir que el Espíritu entre o de dejarlo afuera.

Lea Apocalipsis 3.20: "He aquí, yo estoy a la puerta y llamo; si alguno oye mi voz y abre la puerta, entraré a él, y cenaré con él, y él conmigo". ¿Cómo describe a Jesús este versículo?

Este versículo describe a Jesús de pie, frente a la puerta de su corazón, desde afuera, y pidiendo bondadosamente que se le abra la puerta. Las personas que reciben a Cristo, abren su vida a Él y lo invitan a vivir con ellas. Cuando usted abre la puerta a su maravillosa invitación, el Espíritu de Dios entra en su vida y le trae paz a su alma.

 Ore por personas en su círculo de influencia: aquellas con quienes usted se relaciona en forma regular u ocasional. Pídale a Dios que le proporcione oportunidades para testificar de su amor y cercanía. Escriba los nombres de esas personas en su lista para el pacto de oración (p. 143).

UNA PLENITUD CONSTANTE

Un discípulo auténtico permite que el Espíritu de Dios lo llene continuamente y controle su personalidad absolutamente, como lo instruye el versículo para memorizar esta semana.

 Deténgase y recite en voz alta su versículo para memorizar: Efesios 5.18.

Lea Hechos 4.29: "Y ahora, Señor, mira sus amenazas, y concede a tus siervos que con todo denuedo hablen tu palabra". Cuando los apóstoles se vieron amenazados, ¿qué pidieron?

Cuando los apóstoles fueron amenazados, no pidieron libertad ni seguridad. Pidieron ser capaces de hablar la Palabra con gran valentía y Dios se lo concedió. Como resultado, muchas personas recibieron a Cristo.

Esta semana pídale al Espíritu Santo que lo llene y le dé valor para hablar de Cristo.

EN EL TALLER DEL CARPINTERO

¿Cómo obra el Espíritu Santo para transformarlo a la imagen de Cristo? ¿Cuánto está progresando usted en el desarrollo de un carácter cristiano?

En el día uno usted describió una conducta relacionada con la ira, de la cual esperaba librarse para parecerse más a Jesús. Hoy describa una situación en la que se libró de tal conducta.

GUÍA DIARIA DE COMUNIÓN CON EL MAESTRO

HECHOS 4.13-31

Qué me dijo Dios:

_____

_____

_____

_____

_____

_____

_____

Qué le dije yo a Dios:

_____

_____

_____

_____

_____

_____

_____

✝ **Lea Hechos 4.13-31 en su devocional de hoy; es el pasaje que incluye el versículo que leyó acerca de la valentía de los cristianos. Luego complete la guía diaria de comunicación discipular en la página 99.**

DÍA 3

❧

Plenitud sin límites

El día dos usted aprendió que los discípulos auténticos permiten que el Espíritu de Dios los llene continuamente y controle por completo su personalidad. Sin embargo, no todos los cristianos permiten que Dios los controle. Los creyentes carnales siguen luchando con el dominio de la vieja naturaleza.

Basado en lo que ha aprendido al estudiar la personalidad del discípulo, describa con sus palabras por qué el Espíritu de Dios no llena la personalidad de todo creyente.

_____

_____

Quizás haya respondido algo así: No todos han abierto la puerta de su espíritu al Espíritu de Dios. Primero, uno debe abrir la puerta antes de que el Espíritu de Dios pueda llenar su personalidad.

CONTROLADO POR EL ESPÍRITU

Si pertenece a Jesús, el Espíritu de Cristo mora en usted y podrá tratarlo como huésped, siervo, inquilino, o como amo y señor, es decir, el dueño de la propiedad. Sin embargo, el Espíritu no lo llenará completamente hasta que haya reconocido el señorío de Cristo y se haya sometido a su autoridad personal y divina. El versículo del margen, 1 Tesalonicenses 5.23, describe lo que Dios hace en su personalidad.

Santificar significa *apartar o purificar*. **Escriba una *V* junto al concepto que mejor exprese la verdad de 1 Tesalonicenses 5.23.**
___ **Dios aparta para sí o purifica completamente la personalidad suya.**
___ **Dios sólo limpia el espíritu suyo.**

Cuando el espíritu de Dios controla el espíritu suyo, Dios purifica completamente su personalidad. Cuando Él santifica completamente su personalidad, usted y Él gozan de comunión mutua.

"Y el mismo Dios de paz os santifique por completo; y todo vuestro ser, espíritu, alma y cuerpo, sea guardado irreprensible para la venida de nuestro Señor Jesucristo" (1 Tesalonicenses 5.23).

Aunque el Espíritu Santo mora en usted, es posible que usted no le dé el lugar que Él merece. Marque el cuadro que describa mejor cómo diría el Espíritu Santo que usted lo trata.
❑ como huésped
❑ como siervo
❑ como inquilino
❑ como Señor, o sea el dueño de la propiedad

¿Qué relación debe haber entre el Espíritu de Dios y el suyo? Marque la respuesta correcta.
❑ El espíritu suyo debe controlar al Espíritu de Dios.
❑ El Espíritu de Dios y el suyo deben mantenerse en situación de igualdad.
❑ El Espíritu de Dios debe controlar al suyo.

La voluntad de Dios es que usted sea controlado completamente por el Espíritu Santo. El versículo para memorizar esta semana, Efesios 5.18, dice cómo sucede eso.

Recite en voz alta el versículo para memorizar en Efesios 5.18 y continúe aprendiéndolo.

OCUPADO CON CRISTO
El versículo de Juan 3.34, en el margen, afirma que Jesús fue lleno del Espíritu de Dios sin límite alguno. Constantemente Jesús tenía la plenitud del Espíritu dándole poder en todo lo que hacía. Lo exhorto a que luche para que su vida sea llena del Espíritu Santo.

"Porque el que Dios envió, las palabras de Dios habla; pues Dios no da el Espíritu por medida" (Juan 3.34).

¿Qué sería necesario para que usted siguiera totalmente la orientación del Espíritu Santo en todo lo que hace? Marque los siguientes conceptos que se apliquen a su caso.
Yo debería:
❑ Confesar y abandonar los pecados de mi vida
❑ Dedicarle más tiempo al estudio bíblico para oír al Espíritu cuando me hable
❑ Dedicarle más tiempo a la oración para que el Espíritu me revele la voluntad de Dios para mí
❑ Pedirle al Espíritu que me llene
❑ Recurrir primero a Dios cuando pase por una crisis en lugar de dejarlo como último recurso
❑ Estar atento y dispuesto para dar testimonio
❑ Procurar la solución que honre a Cristo ante las situaciones que surjan, en lugar de buscar mis soluciones;
❑ Tomar esta medida: _____

Andrew Murray, en su libro *The Full Blessing of Pentecost* [La bendición plena de Pentecostés], incluye una lista de siete puntos principales acerca de un cristiano con la plenitud del Espíritu Santo.

Sin la plenitud del Espíritu es absolutamente imposible que un creyente o una iglesia puedan vivir u obrar según la voluntad de Dios.

Al leer la siguiente cita del libro de Andrew Murray, subraye las áreas de conflicto que limiten su experiencia en la plenitud del Espíritu Santo.

1. *La voluntad de Dios es que cada uno de sus hijos viva completa y constantemente en el control del Espíritu Santo.*
2. *Sin la plenitud del Espíritu, es absolutamente imposible que un creyente o una iglesia puedan vivir u obrar según la voluntad de Dios.*
3. *En todas partes se evidencia, en la vida y experiencia de los creyentes, que la iglesia disfruta escasamente de esta bendición pero lamentablemente pocos la procuran.*
4. *Esta bendición se prepara para nosotros y Dios se impacienta por concedérnosla. Nuestra fe puede esperar dicha bendición con absoluta confianza.*
5. *Lo que más impide la plenitud del Espíritu es que la vida egocéntrica y el mundo (del cual se vale la vida egocéntrica para su propio servicio y placer) arrebatan el lugar que debería ocupar Cristo.*
6. *No podemos ser llenos del Espíritu hasta que estemos dispuestos a rendirnos al señorío de Cristo y a abandonarlo y sacrificarlo todo por esta perla de gran precio.*[1]

Ahora lea la siguiente cita de L.L. Letgers. Al hacerlo, piense si su vida refleja o no tal descripción.

La evidencia de que usted experimenta la plenitud del Espíritu es que Jesús se convierte en todo para usted. Lo ve. Se ocupa de Él. Está plenamente satisfecho con Él. Se convierte en una persona real para usted y cuando testifica acerca de Él, el Espíritu Santo testifica con usted de la verdad acerca de Él. Jesús es su amo y Señor y usted descansa en su señorío. La evidencia auténtica de una vida llena del Espíritu es: Primero, que otros vean al Espíritu Santo obrando en su vida para reflejar a Cristo y producir el fruto del Espíritu. Segundo, que en su vida privada usted vea a Jesús en las Escrituras y que se regocije personalmente en Él y se ocupe de Él.[2]

¿Cual de los siguientes conceptos refleja mejor su reacción a las citas que leyó acerca de la plenitud del Espíritu? Marque todos los que correspondan.

❏ Nunca conocí esa clase de vida descrita.
❏ Señor, me he alejado de ti y quiero regresar.
❏ Todavía no he llegado, pero me estoy ocupando de vivir de esa manera.
❏ Señor, te ruego que me llenes para que pueda experimentar esa clase de vida.
❏ Señor, te alabo por la obra poderosa que has hecho en mi vida.
❏ Otra: _____

Una ayuda para estar en las cosas del Maestro es aplicar la palabra que oye predicar. Cuando genuinamente aprovecha las oportunidades para escuchar la predicación de la palabra de Dios, discierne su importancia para usted y puede hacerlo receptivo al Espíritu Santo mientras éste le habla mediante la predicación. La siguiente actividad lo ayudará a buscar la obra del Espíritu en su vida.

 Tome notas de un sermón o estudio bíblico (de algo que haya aprendido o de lo que desee aprender más) en el formulario de la página 141 titulado "Escuchemos la Palabra".

 Hoy lea Lucas 24.13-53 en su devocional; es el pasaje que describe la ascensión de Jesús al cielo. Compruebe cómo Dios le habla mediante el pasaje. Luego complete la guía diaria de comunión con el Maestro en el margen.

DÍA 4
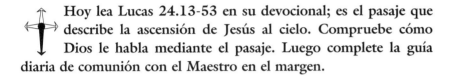

Cómo ser lleno

Si aún tiene dudas sobre cómo experimentar la plenitud del Espíritu Santo, encontrará ayuda en el versículo para memorizar esta semana. El versículo menciona cuatro realidades importantes acerca de la ordena: "Sed llenos del Espíritu Santo".

 Antes de leer estas realidades importantes, recite tres veces y en voz alta, el versículo para memorizar esta semana: Efesios 5.18. Aproveche también esta oportunidad para repasar los otros versículos que memorizó desde que comenzó este estudio.

Al examinar el significado de este versículo en el idioma original podemos aprender mucho. La frase *sed llenos* es:
- Voz pasiva. *Pasivo* significa que usted no puede hacer nada por sí mismo. Sólo Dios puede llenarlo. Usted no puede hacerlo ni causar tal plenitud.
- Tiempo presente. Usted debe ser lleno ahora. Esto se refiere a la condición en la que debe estar.
- Acción continua. El tiempo presente en griego indica una acción continua. Significa *sigan llenándose*. Aunque su conversión fue una experiencia de una sola vez, la plenitud del Espíritu no lo es. Es necesario que ocurra constantemente. Imagínese una tubería por la que pasa agua en todo momento. Si el Espíritu lo va llenando, siempre pasa por usted a medida que Él obra para ministrar a los demás.
- Modo imperativo. "Sed llenos" es una orden o mandato a todos los

Qué me dijo Dios:

_____

_____

_____

_____

_____

_____

_____

_____

Qué le dije yo a Dios:

_____

_____

_____

_____

_____

_____

_____

_____

cristianos. No es simplemente una opción o algo que puede desecharse porque uno no lo entiende. Es una enseñanza de la Palabra de Dios. Mi comprensión de la plenitud se afectó en gran medida debido a mi experiencia de ser lleno del Espíritu Santo, que relaté el día uno. Sin embargo, la Biblia enseña que algunos creyentes son llenos cuando se salvan, como Cornelio en Hechos 10.

Vuelva ahora a los significados acerca de "Sed llenos..." y dibuje una estrella junto al que más necesite recordar. ¿Por qué necesita este recordatorio?

EL ESPÍRITU FLUYE A TRAVÉS SUYO

¿Cómo puede alguien experimentar la plenitud del Espíritu Santo? Si pertenece a Jesús, su Espíritu ya mora en usted. Pero Su propósito es llenarlo a usted continuamente y fluir a través suyo hacia los demás. Usted no ha de ser un envase sino un canal o conducto para el Espíritu. La plenitud del Espíritu hace posible que Dios comunique su mensaje a los demás a través de usted.

Un creyente debe dar tres pasos para ser lleno y controlado por el Espíritu Santo:

"Si confesamos nuestros pecados, él es fiel y justo para perdonar nuestros pecados, y limpiarnos de toda maldad" (1 Juan 1.9).

1. Confiese su pecado, desobediencia, vacío y necesidad de ser limpiado por Dios. Lea 1 Juan 1.9, en el margen.
2. Presente cada miembro de su cuerpo para que Dios lo transforme en un instrumento de justicia en sus manos. Recuerde el versículo de Romanos 12.1, uno de los memorizados.

"Pues si vosotros, siendo malos, sabéis dar buenas dádivas a vuestros hijos, ¿cuánto más vuestro Padre celestial dará el Espíritu Santo a los que se lo pidan?" (Lucas 11.13).

3. Pida a Dios que lo llene, lo domine y lo capacite, como lo promete el versículo de Lucas 11.13, en el margen. Crea que Dios ha respondido su oración.

¿Qué pasos necesita dar usted para experimentar la plenitud del Espíritu Santo? Incline ahora su cabeza y abra su espíritu al Espíritu de Dios. Siga los tres pasos indicados anteriormente. Escriba lo que experimente por fe.

"Hablando entre vosotros con salmos, con himnos y cánticos espirituales, cantando y alabando al Señor en vuestros corazones" (Efesios 5.19).

 Deténgase y ore. Recite en voz alta Efesios 5.18, el versículo para memorizar esta semana. Agradezca a Dios el don de su plenitud.

"Dando siempre gracias por todo al Dios y Padre, en el nombre de nuestro Señor Jesucristo" (Efesios 5.20).

En los versículos escritos al margen, encuentre dos consecuencias de la plenitud del Espíritu.
1. Efesios 5.19: _____
2. Efesios 5.20: _____

Los creyentes actuales pueden ser como los de la iglesia primitiva, en la cual miembros llenos del Espíritu aprendieron a adorar a Dios con acción de gracias por todo. Tales cristianos de antaño con frecuencia expresaban agradecimiento a través de la música. Quizás usted respondió así: 1. Hablando unos a otros y cantando al Señor; 2. Dando gracias.

LOS PROPÓSITOS DE DIOS PARA LLENARLO

Dios tiene un doble propósito para llenarlo con su Espíritu. Primero, Dios desea desarrollar en usted un carácter semejante a Cristo. En 1 Tesalonicenses 5.23, Pablo ora para que la personalidad suya se guarde irreprensible (sin mancha): "Y el mismo Dios de paz os santifique por completo; y todo vuestro ser, espíritu, alma y cuerpo, sea guardado irreprensible para la venida de nuestro Señor Jesucristo". Segundo, Dios desea darle poder para hacer Su obra.

Lea los versículos de Hechos 1.8 y Hechos 4.31, que aparecen en el margen. Explique qué le permite hacer el Espíritu Santo.

_____

El Espíritu Santo les dio poder para testificar con valentía. Los discípulos, que al principio eran tímidos y estaban atemorizados, ya predicaban sin temor. El Espíritu Santo le da poder a las personas comunes para que testifiquen con valentía incluso bajo circunstancias difíciles. Necesita el poder del Espíritu para testificar. Ser valiente no significa que uno

"Pero recibiréis poder, cuando haya venido sobre vosotros el Espíritu Santo, y me seréis testigos en Jerusalén, en toda Judea, en Samaria, y hasta lo último de la tierra" (Hechos 1.8).

"Cuando hubieron orado, el lugar en que estaban congregados tembló; y todos fueron llenos del Espíritu Santo, y hablaban con denuedo la palabra de Dios" (Hechos 4.31).

Ser valiente no significa que uno nunca esté nervioso o que una oportunidad para testificar jamás lo atemorice. Significa que uno tiene la osadía de hacerlo aunque esté atemorizado.

...portunidad para testificar jamás lo ate-
...tiene la osadía de hacerlo aún cuando

...nomento de dar su testimonio a perso-

...LIDAD DEL DISCÍPULO
...ed ha estudiado un elemento diferente
...Ahora que ya ha estudiado la presenta-
...nte cómo usar este conocimiento en

...contiene muchas verdades bíblicas que
...uaciones:
...nto espiritual.
...ograr la victoria en su vida personal:
...y a Satanás cuando enfrente tentación.

b. Úsela en la oración para dedicarle al Maestro su personalidad absoluta. Ore por cada parte de su personalidad.

c. Úsela al repasar los versículos para memorizar que se relacionan con la vida victoriosa.

d. Úsela para repasar enseñanzas bíblicas acerca de cada parte de su personalidad.

...CTURA BÍBLICA:
...rcos 2: 5
...perdón de todas nuestras
...as o pecados solo es
...ible cuando nos acercamos
...sús con fe. Él tiene el
...er para perdonar nuestros
...ados, limpiarnos de todo
...y darnos nueva vida. En
...gún otro hay salvación,
...o en el Señor Jesús.

3. Dibújela para ayudar a otros a evaluar si son personas naturales, carnales o espirituales y para ayudarlos a aplicarla a su vida.

4. Úsela con una persona inconversa para explicarle cómo ser discípulo de Cristo. Primero dibuje el diagrama de la persona natural y explíquelo. Luego dibuje el diagrama del creyente espiritual y explíquelo. Si la persona recibe a Cristo, dibuje el diagrama del creyente carnal para demostrarle "cómo no debe vivir". Si esa persona no recibe a Cristo, tal vez necesite dibujar el diagrama del creyente carnal para explicar por qué algunos creyentes no viven vidas victoriosas. De lo contrario, no le presente el diagrama del creyente carnal a esa persona.

Practique explicando con sus palabras cómo aplicar el diagrama de la personalidad del discípulo usando el dibujo básico que aparece a continuación. En la última sesión de grupo, su líder le demostró cómo aplicar la ilustración valiéndose de Santiago 4.1-8. Cierre la puerta de la carne al dibujar una cruz en el centro del círculo que abarque las palabras *espíritu, carne, mente, voluntad* y *emociones*. Atraviese la palabra *carne* con el vocablo *crucificado*. Ahora escriba la palabra *someterse* por encima del círculo. Escriba la frase *Acercarse a Dios* y dibuje una flecha hacia la palabra *DIOS*. Escriba la frase *Dios se acercará a vosotros* y dibuje una flecha desde la palabra *DIOS* hacia el círculo. Escriba el vocablo *resistir* debajo del círculo y dibuje una flecha hacia la palabra *Satanás*. Escriba la frase *huirá de vosotros* debajo de *Satanás* y dibuje una flecha que apunte hacia abajo. Vea la página 140 si necesita ayuda con su dibujo.

Ahora use el pasaje de Santiago 4.1-8 para explicar su presentación con sus palabras.

¿Ya ha usado usted la presentación de la personalidad del discípulo? ❏ Sí ❏ No. Si así fue, describa su experiencia a continuación. Si no lo ha hecho, manténgase alerta para cuando el Espíritu Santo le revele la oportunidad.

_____

_____

EN EL TALLER DEL CARPINTERO
¿Cómo guía el Espíritu Santo sus esfuerzos para abandonar la vieja naturaleza y reemplazarla con la nueva?

El día dos usted anotó cuánto había progresado modificando viejos hábitos relacionados con la ira. Describa hoy lo que compruebe que Cristo va agregando a su vida para reemplazar ese antiguo rasgo o conducta.

_____

_____

En su devocional de hoy lea el pasaje de Hechos 10 que describe la salvación de Cornelio y su experiencia en la plenitud del Espíritu Santo. Permita que Dios le hable a través de este pasaje. Luego complete la guía diaria de comunión con el Maestro en el margen.

DÍA 5

Cumpla los propósitos de Dios

El día cuatro usted estudió que Dios desea cumplir un doble propósito en la vida de un creyente lleno del Espíritu Santo:
• Desarrollar un carácter semejante a Cristo.
• Capacitarlo para su obra.

EL DESARROLLO DE UN CARÁCTER SEMEJANTE A CRISTO
El primer propósito, desarrollar un carácter semejante a Cristo, se logra a través del fruto del Espíritu, mientras que el segundo se logra a través de los dones del Espíritu.

Observemos cómo el fruto del Espíritu produce un carácter semejante a Cristo.

Repase el pasaje del fruto del Espíritu en Gálatas 5.22-23 (los versículos para memorizar en la semana 3). Luego lea 2 Pedro 1.5-8, en la pág. 108, donde Pedro menciona los elementos esenciales del carácter cristiano. Escriba una lista de esas cualidades.

Qué me dijo Dios:

_____

_____

_____

_____

_____

_____

_____

Qué le dije yo a Dios:

_____

_____

_____

_____

_____

_____

_____

_____

"Vosotros también, poniendo toda diligencia por esto mismo, añadid a vuestra fe virtud; a la virtud, conocimiento; al conocimiento, dominio propio; al dominio propio, paciencia; a la paciencia, piedad; a la piedad, afecto fraternal; y al afecto fraternal, amor. Porque si estas cosas están en vosotros, y abundan, no os dejarán estar ociosos ni sin fruto en cuanto al conocimiento de nuestro Señor Jesucristo"
(2 Pedro 1.5-8).

_____ _____

_____ _____

_____ _____

_____ _____

¿Por qué dijo Pedro que usted necesitaba tales cualidades?

_____

   Pedro dijo que usted necesita tales cualidades para que no sea ocioso ni improductivo. Una persona que tiene vida en el Espíritu lleva fruto para Cristo.

EN EL TALLER DEL CARPINTERO
¿Cómo ha obrado en usted el Espíritu Santo durante esta semana para que desarrolle un carácter semejante a Cristo? ¿Está cambiando al viejo hombre y agregando nuevas conductas a su vida?

Responda las preguntas acerca del área relacionada con la ira, que usted identificó en la página 96.

Algo de lo que he procurado librarme esta semana:

_____

Algo que Cristo ha agregado a mi carácter esta semana:

_____

Deténgase y dé gracias a Dios por el Espíritu Santo que lo moldea para parecerse más a Cristo.

PREPÁRESE PARA EL MINISTERIO
El Espíritu Santo cumple el segundo propósito, prepararlo para el ministerio, otorgándole dones del Espíritu. Él le da poder para ministrar a los demás a través de los dones que le ha dado. Cuando ve a personas llenas del Espíritu, inmediatamente comprobará que desean ministrar. Desean permitir que Dios obre a través de ellos para tener parte con Dios en su misión. Solamente la plenitud constante y reiterada del Espíritu puede producir tal deseo. El fruto produce un carácter cristiano y los dones producen la efectividad en el ministerio.

Algunos de los dones del Espíritu Santo se mencionan en 1 Corintios 12.7-11 y Romanos 12.6-8, que aparecen en la pág. 109. Lea los versículos y escriba el don o los dones que usted crea que el Espíritu Santo le haya dado.

_____

¿**En qué medida ha desarrollado usted el don o los dones que ha recibido? Junto al don o dones que haya anotado anteriormente, escriba el número que corresponda a esta pregunta.**
1. En nada   2. En poco   3. En mucho

Deténgase y pídale a Dios que lo ayude a rendirle sus dones a Él y a encontrar maneras de desarrollar plenamente sus dones.

El carácter cristiano y la efectividad en el ministerio sólo son posibles a través de la constante plenitud del Espíritu. Si trata de lograr tales resultados por usted mismo será un esfuerzo vano. *Vida discipular 4: La misión del discípulo* definirá los dones ministeriales y lo ayudará a descubrir los dones que el Espíritu le haya dado. Desarrolle sus dones espirituales para que pueda ministrar como el Espíritu lo desea.

Para resumir lo estudiado acerca de los propósitos de Dios para su vida en la plenitud del Espíritu, complete los espacios a continuación.

El primer propósito de Dios: _____

Cómo lo logra: _____

El segundo propósito de Dios: _____

Cómo lo logra: _____

CÓMO REDACTAR SU TESTIMONIO
El siguiente material lo ayudará a recopilar hechos de su vida cristiana en un testimonio breve y claro. A continuación vea las razones por las cuales redactar su testimonio.
- Aclarar las experiencias en su mente.
- Permitir que su líder le dé una opinión para perfeccionar su testimonio.
- Desarrollar un testimonio básico que usted pueda adaptar a situaciones específicas.
- Dominar su testimonio para estar listo y usarlo en cualquier momento.

Siga las siguientes pautas para redactar su testimonio.
1. Use el testimonio abreviado que escribió en la semana 3 y los apuntes que usted hizo en la semana 4 como base para su primer borrador. Después de evaluar su primer borrador, puede volver a redactarlo en una versión más pulida. Escriba de la manera en que usted habla. Use las palabras "yo", "mi" y "mío". No se preocupe por reglas formales de la gramática. Usted comunicará su testimonio verbalmente, al testificar, no al predicar.
2. Escoja uno de los siguientes métodos para redactar el testimonio.

"Pero a cada uno le es dada la manifestación del Espíritu para provecho. Porque a éste es dada por el Espíritu palabra de sabiduría; a otro, palabra de ciencia según el mismo Espíritu; a otro, fe por el mismo Espíritu; y a otro, dones de sanidades por el mismo Espíritu. A otro, el hacer milagros; a otro, profecía; a otro, discernimiento de espíritus; a otro, diversos géneros de lenguas; y a otro, interpretación de lenguas" (1 Corintios 12.7-11).

"De manera que, teniendo diferentes dones, según la gracia que nos es dada, si el de profecía, úsese conforme a la medida de la fe; o si de servicio, en servir; o el que enseña, en la enseñanza; el que exhorta, en la exhortación; el que reparte, con liberalidad; el que preside, con solicitud; el que hace misericordia, con alegría" (Romanos 12.6-8).

a. *Cronológico:* Como tuvo suficientes experiencias importantes antes de su conversión, es mejor usar este método para distinguir claramente entre su vida antes y después de la conversión.

1	2	3	4

CRONOLÓGICO

1. Antes de conocer a Cristo
2. Cómo reconocí mi necesidad
3. Cómo me convertí a Cristo
4. Qué significa para mí ser creyente en Cristo

b. *Temático:* Este es el mejor método a usar si experimentó la salvación en su niñez o no recuerda suficientes hechos importantes antes de su conversión, con los cuales pueda identificarse el oyente. Comience concentrándose en una experiencia, un problema, una cuestión o un sentimiento, tales como el temor a la muerte, el deseo de éxito, un punto débil de su carácter, una búsqueda de identidad, o una crisis.

TEMÁTICO

2	3	1

1. Un tema, necesidad o problema
2. Cómo me convertí a Cristo
3. Lo que ser creyente en Cristo significa para mí

Podría comenzar con un breve testimonio acerca de su situación actual, como por ejemplo:
- He descubierto cómo no preocuparme.
- He descubierto un propósito para vivir.
- He vencido la soledad.
- He vencido el miedo a la muerte.
- He descubierto cómo hacer que mi vida tenga sentido.
- He descubierto el secreto para una vida feliz.

Declare el tema y diga cómo solucionó su problema. Esta técnica de la escena retrospectiva puede reemplazar el relato de su experiencia antes de la conversión a Cristo. Es también efectiva si usted no puede recordar la secuencia exacta de los hechos en su experiencia de conversión. Hay muchas personas que tienen la plena certeza de su salvación, pero tienen dificultad para identificar el momento exacto de su conversión. Si su caso es ese, asegúrese ahora de ser salvo. Si tiene alguna duda, hable con su líder del grupo de *Vida discipular* o con algún otro creyente que pueda ayudarlo a estar seguro de su salvación. La fecha de su conversión no importa tanto como su relación personal con Cristo como su Señor y Salvador. La técnica de la escena retrospectiva le permite mencionar los hechos sin detallar cuándo ocurrieron. Aunque tal vez no recuerde haber pensado conscientemente en los cuatro hechos del evangelio en su conversión (pecado, castigo del pecado, el precio que Cristo pagó y recibir a Cristo), puede mencionarlos con el método de la escena retrospectiva. Ahora usted ha tomado conciencia de eso y lo cree.

Verifique cuál de los dos métodos anteriores planea usar.

3. Escriba una introducción interesante acerca de su vida y sus actitudes antes de conocer a Cristo. Asegúrese de que el oyente lo vea como a una persona común. Mencione brevemente algunos hechos acerca de las etapas tempranas de su vida para presentar la escena. Use hechos con los que el oyente pueda identificarse o mediante los cuales usted pueda verse como una persona común. Hable en tono adulto, no adolescente. Por ejemplo, no diga "mi papá solía sentarme sobre sus rodillas para platicar conmigo," sino "un día en que mi padre y yo platicábamos, él dijo..." No evoque demasiados detalles que carezcan de importancia para un extraño. Use palabras concretas e imágenes verbales para describir la situación. Sea breve.

4. Destaque los sucesos que lo condujeron a su salvación (cómo reconoció su necesidad). Sintetice los hechos que lo guiaron a reconocer su necesidad de Cristo. Evite mencionar el nombre de su iglesia, su edad específica o la fecha de su conversión, a menos que el oyente tenga antecedentes similares. Al mantener tales hechos en un tono general, será más fácil que los demás se identifiquen con usted. No use una jerga religiosa o palabras propias de la iglesia que tal vez no entiendan personas de experiencia religiosa diferente o limitada.

Sintetice los hechos que lo guiaron a reconocer su necesidad de Cristo.

5. Resuma los hechos de la salvación (cómo se convirtió a Cristo).
   a. *Cronológico:* Relate cómo reconoció que el pecado implica una vida egocéntrica. Declare cómo se sintió cuando reconoció la condenación del pecado. Explique cómo supo que Cristo había pagado el precio de su pecado. Sintetice cómo recibió a Cristo. No deje de destacar el arrepentimiento y la fe en Cristo como medio de salvación.
   b. *Temático:* Aunque no recuerde claramente cada una de las etapas mencionadas anteriormente, puede mencionar su reconocimiento sin referirse al momento en que reconoció cada etapa. Sin embargo, declare con certeza que recibió a Cristo y que lo sigue como Señor de su vida.

A veces un testimonio personal es un buen medio para comenzar un encuentro con un oyente. Si usa su testimonio como introducción para presentar el evangelio, puede omitir los cuatro puntos siguientes e indicarle al oyente cómo recibir a Cristo a través de la presentación del evangelio.

Declare con certeza que recibió a Cristo y que lo sigue como Señor de su vida.

6. Relate los resultados de haber conocido a Cristo como Señor y Salvador (qué significa para usted ser creyente en Cristo). Resuma rápidamente la diferencia que ha notado en su vida con Cristo. Dé uno o dos ejemplos concretos con los que pueda identificarse el oyente.

a. Mencione las luchas de su continua travesía espiritual para no dar la impresión de que usted piensa que es perfecto. Diga algo como "ser creyente en Cristo no significa que yo no tenga conflictos o problemas, pero ahora Cristo me ayuda a pasar por los mismos".

b. No le dedique demasiado tiempo a este punto. Muchos creyentes tienden a concentrarse en lo que sucede después de la conversión. Es necesario mencionar eso, pero el inconverso necesita saber cómo llegó usted a este punto. Deberá referirse más a las experiencias iniciales que a las últimas. El testimonio que usted está redactando es para una persona inconversa. Más adelante podrá redactar otros testimonios acerca del diezmo, el discipulado, la iglesia, el compañerismo cristiano, la oración, etc. Revise su testimonio para concentrarse en la salvación.

7. Concluya el testimonio de una manera que lo guíe a hablar más acerca de la salvación. Puede usar preguntas tales como:

a. ¿Alguna vez le sucedió algo parecido?

b. ¿Para usted tiene sentido lo que le conté?

c. ¿Alguna vez pensó que le gustaría tener esa paz (certeza, felicidad, experiencia, etc.)?

d. ¿Usted está absolutamente seguro de que tiene vida eterna y de que irá al cielo cuando muera?

Concluya el testimonio de manera que lo guíe a hablar más acerca de la salvación.

8. Revise su testimonio aplicando las siguientes normas. Arregle su borrador según sea necesario. Volverá a redactar su testimonio después de evaluarse en su siguiente sesión de grupo.

a. ¿Hay una línea argumentativa clara que enlaza todos los elementos del testimonio?

b. ¿Se desarrollaron proporcionalmente las cuatro partes del testimonio?

c. En la parte 3, ¿se incluyen las cuatro verdades doctrinales del evangelio?

d. ¿El testimonio es demasiado breve? ¿Es demasiado largo? ¿Hay que agregar o suprimir detalles?

e. ¿El testimonio concluye con una frase que motiva a seguir la conversación?

f. ¿El testimonio suena conversacional o es demasiado formal o "sermoneado"?

9. Puede que sea difícil redactar su testimonio. El tiempo total que necesite para redactarlo probablemente dependa de la complejidad de su testimonio y de la cantidad de veces que lo haya dado antes. Ese tiempo no depende de su inteligencia o de la validez de su testimonio. Puede que le incomode pensar en hechos desagradables de su vida. Puede descubrir que necesita estar seguro de su salvación. No hay dudas que Satanás no quiere que usted prepare un testimonio para llevar a otros a Cristo. Pídale a Dios que lo ayude.

Al leer esta sección, si tuvo alguna duda acerca de su salvación, puede recibir a Cristo ahora invitándolo a entrar en su vida. Romanos 10.13

dice "Todo aquel que invocare el nombre del Señor, será salvo". Puede usar la siguiente oración para expresar su entrega a Cristo:

Señor Jesús: Soy pecador y te necesito. Quiero que seas mi Salvador y Señor. Acepto tu muerte en la cruz como paga de mis pecados, y ahora te entrego mi vida. Gracias por perdonarme y por darme una nueva vida. Te ruego que me ayudes a crecer en mi conocimiento de tu amor y poder para que mi vida te dé gloria y honra. Amén.

Firma _____ Fecha _____

Escriba su testimonio usando las ideas de la sección "Cómo redactar su testimonio". Prepárese para darlo a conocer en la próxima sesión del grupo. No debe demorar más de 3 minutos. Eso equivale más o menos a una página, escrita a máquina y a doble espacio, o bien a dos páginas manuscritas.

Hoy, lea Romanos 12.1-8 durante su devocional. Es un pasaje que menciona dones espirituales y cómo edifican los mismos el cuerpo de Cristo. Luego complete la guía diaria de comunión con el Maestro en el margen.

¿QUÉ EXPERIENCIA TUVO ESTA SEMANA?
Repase la sección "Mi andar con el Maestro en esta semana" al comienzo del material para esta semana. Marque las actividades que haya completado con una línea vertical en el diamante. Termine toda actividad incompleta. Piense en lo que dirá durante la sesión de grupo acerca de su trabajo en tales actividades.

Al completar el estudio de la sección "Ser llenos del Espíritu", considere los siguientes conceptos y marque los que correspondan.
❑ Ahora tengo más conciencia que antes acerca del don del Espíritu Santo, que mora en mí.
❑ Deseo experimentar la plenitud del Espíritu y daré los pasos necesarios para ello.
❑ La plenitud del Espíritu Santo en mí ya me motiva a usar mis dones para ministrar a otros.
❑ Esta semana el Espíritu Santo me ayudó a edificar un carácter más semejante a Cristo, demoliendo pensamientos y hábitos viejos y reemplazándolos con nuevos.

---

[1]Andrew Murray, *The Full Blessing of Pentecost* [La bendición plena de Pentecostés] (Port Washington, PA: Christian Literature Crusade, 1954), 7.
[2]L.L. Letgers, *The Simplicity of the Spirit-Filled Life* [La sencillez de una vida llena del Espíritu] (Farmingdale, N.Y.: Christian Witness, 1968), 51-52.

GUÍA DIARIA DE COMUNIÓN CON EL MAESTRO

ROMANOS 12.1-8

Qué me dijo Dios:

_____

_____

_____

_____

_____

_____

_____

Qué le dije yo a Dios:

_____

_____

_____

_____

_____

_____

_____

SEMANA 6

Vivir victoriosamente

La meta de esta semana
Podrá explicar cómo recibió a Cristo y cómo vivir una vida de victoria.

Mi andar con el Maestro en esta semana
Completará las actividades para desarrollar las seis disciplinas bíblicas. Cuando complete cada actividad trace una línea vertical en el diamante que aparece junto a la actividad.

DEDICARLE TIEMPO AL MAESTRO
◇ Tenga un tiempo devocional cada día. Tome nota de la cantidad de minutos que le dedica a su devocional cada día: Domingo: ____ Lunes: ____ Martes: ____ Miércoles: ____ Jueves: ____ Viernes: ____ Sábado: ____

VIVIR EN LA PALABRA
◇ Lea su Biblia diariamente. Escriba qué le dice Dios a usted y qué le dice usted a Él.
◇ Memorice Romanos 6.12-13
◇ Repase Efesios 5.18, Filipenses 2.13, Romanos 12.1-2, Gálatas 5.22-23 y 1 Corintios 6.19-20.
◇ Use el formulario titulado "Escuchemos la Palabra" para escribir apuntes de una lección de la Escuela Dominical o de un sermón.

ORAR CON FE
◇ Ore por dos compañeros de trabajo o vecinos inconversos.

TENER COMUNIÓN CON LOS CREYENTES
◇ Cuéntele a su compañero de oración cómo el Espíritu Santo lo ayuda a usted.

TESTIFICAR AL MUNDO
◇ Medite en su testimonio basado en las ideas que le dio su líder la semana pasada.

MINISTRAR A OTROS
◇ Practique cómo dar su testimonio.
◇ Dibuje el diagrama de la personalidad del discípulo y explíquelo.
◇ Explique cómo aplicar la personalidad del discípulo usando Gálatas 5.16-25.

Versículos para memorizar esta semana
"No reine, pues, el pecado en vuestro cuerpo mortal, de modo que lo obedezcáis en sus concupiscencias; ni tampoco presentéis vuestros miembros al pecado como instrumentos de iniquidad, sino presentaos vosotros mismos a Dios como vivos de entre los muertos, y vuestros miembros a Dios como instrumentos de justicia" (Romanos 6.12-13).

DÍA 1

Victoria sobre el pecado

Un grupo de pastores en Colorado acababa de terminar el estudio de *Vida discipular*, cuando uno de ellos recibió una llamada telefónica para visitar a una joven que había tratado de suicidarse. En su visita al hospital, el pastor habló con la paciente mientras la enfermera permanecía también en la sala. Al aconsejar a la mujer el pastor usó los elementos de la personalidad del discípulo que recientemente había aprendido. Le explicó cómo los aspectos de nuestra personalidad trabajan en conjunto, por qué hacemos ciertas elecciones y de qué manera influye Satanás para que pequemos.

Cuando el pastor terminó y salió de la sala, la enfermera lo siguió para decirle: "Eso fue lo más útil que he oído, ¿podría contarme más?" El pastor le explicó cómo ser salva y la enfermera hizo profesión de fe.

"El fruto de haber explicado la personalidad del discípulo fue inmediato", dijo el director de *Vida discipular*, Jimmy Crowe. "Ayudó a la paciente, pero más aún a la enfermera".

Si entiende cómo funciona la personalidad del discípulo, entenderá cómo tener una vida victoriosa. El mero entendimiento de estos conceptos no evita el pecado en el mundo porque Satanás siempre está trabajando, buscando a quien devorar. El conocimiento es poder, pero el verdadero poder es el Espíritu Santo. Sin embargo, si aprende cuán fácil puede caer o dejar la puerta abierta a la carne, podrá mantenerse en guardia contra los pensamientos y acciones que son parte de la vieja naturaleza y dejar que en su lugar actúe Cristo.

Cuando Jesús murió en la cruz y resucitó, obtuvo la victoria sobre el pecado. Él prometió que sus discípulos también disfrutarían su victoria (véase 1 Juan 5.4-5 en el margen). Una vida victoriosa en Cristo es una vida llena del Espíritu.

Usted descubrió en su última semana de trabajo que ser llenos del Espíritu de Dios es un proceso diario en donde se crucifica la carne y se deja que el Espíritu tome el control. En el estudio de esta semana aprenderá cómo participar en la victoria sobre el pecado que Jesús ya obtuvo por usted. Como resultado del estudio de esta semana usted podrá:

- Explicar cómo se puede usar la personalidad del discípulo para obtener la derrota o la victoria;
- Expresar cómo Jesús le aseguró a sus discípulos la victoria;
- Evaluar en qué medida está usted viviendo en victoria.

CONFLICTO INTERNO
Una batalla entre las fuerzas de Satanás y las de Dios tiene lugar en cada persona. Cada persona está hecha a la imagen de Dios. La persona tiene estampado en su ser la ley moral de Dios, aunque los deseos de la carne y la naturaleza caída lo controlen. Lea Romanos 7.19-24 (p. 115).

"Porque todo lo que es nacido de Dios vence al mundo; y esta es la victoria que ha vencido al mundo, nuestra fe. ¿Quién es el que vence al mundo, sino el que cree que Jesús es el Hijo de Dios?" (1 Juan 5.4-5).

"Porque no hago el bien que quiero, sino el mal que no quiero, eso hago. Y si hago lo que no quiero, ya no lo hago yo, sino el pecado que mora en mí. Así que, queriendo yo hacer el bien, hallo esta ley: que el mal está en mí. Porque según el hombre interior, me deleito en la ley de Dios; pero veo otra ley en mis miembros, que se rebela contra la ley de mi mente, y que me lleva cautivo a la ley del pecado que está en mis miembros. ¡Miserable de mí! ¿quién me librará de este cuerpo de muerte?" (Romanos 7.19-24).

GUÍA DIARIA DE COMUNIÓN CON EL MAESTRO

EFESIOS 5

Qué me dijo Dios:

_____

_____

_____

_____

_____

_____

_____

_____

Qué le dije yo a Dios:

_____

_____

_____

_____

_____

_____

_____

_____

Piense en este pasaje que acaba de leer y escriba un breve resumen de lo que Pablo describe.

_____

Tal vez haya respondido algo así: Quiero hacer el bien pero no puedo a causa del pecado. Soy esclavo de la ley del pecado.

El creyente carnal está en un constante estado de tensión. Debido a que la puerta de la carne está abierta aún y bajo el control de la vieja naturaleza, los deseos de la carne lo acechan y tratan de excluir al Espíritu Santo.

Lea lo que dijo Pablo acerca de la carne en Romanos 8.6-8: "Porque el ocuparse de la carne es muerte, pero el ocuparse del Espíritu es vida y paz. Por cuanto los designios de la carne son enemistad contra Dios; porque no se sujetan a la ley de Dios, ni tampoco pueden; y los que viven según la carne no pueden agradar a Dios". Marque las respuestas correctas:
❏ 1. La carne es enemiga de Dios.
❏ 2. La carne implica vida y paz.
❏ 3. La carne no se somete a la ley de Dios.
❏ 4. La carne no puede agradar a Dios.

A Dios no le agrada la persona que se entrega al pecado. Él considera la carne un enemigo. Opera fuera de la ley de Dios. Acarrea exactamente lo opuesto a la vida y a la paz. Las respuestas correctas del ejercicio anterior son: 1.3 y 4.

ELIJA A CRISTO DIARIAMENTE
El cristiano no es perfecto. Pero diariamente crucifica la carne y conscientemente le permite al Espíritu que lo llene. Cuando esta persona es tentada, le cierra la puerta a Satanás y le abre la puerta a Jesús.

Lea Romanos 6.17-18: "Pero gracias a Dios, que aunque erais esclavos del pecado, habéis obedecido de corazón a aquella forma de doctrina a la cual fuisteis entregados; y libertados del pecado, vinisteis a ser siervos de la justicia". Marque cómo una persona que es esclava del pecado puede liberarse de este:
❏ 1. Obedeciendo la Palabra de Dios
❏ 2. Rechazando la tentación

Obedecer la Palabra de Dios es la manera de dejar la esclavitud del pecado. La Palabra contiene todo lo necesario para la vida y la paz. Contiene toda la instrucción que usted necesita para vivir. Usted puede recordar la Palabra cada vez que necesite saber cómo actuar o pensar. La respuesta correcta es la 1.

La memorización de la Escritura lo ayudará a resistir a la tentación. Los versículos para memorizar esta semana están en Romanos 6.12-13. Vuelva a la página 114 y léalos en voz alta. Luego escriba cómo usted cree que la memorización de estos versículos lo ayudarán en el momento de la tentación.

_____

_____

Tal vez haya dicho que esos versículos le recuerdan que debe usar su cuerpo para el bien y no para el mal. Recordarlos en el momento de la tentación ayudará a alejar a Satanás y a pedir el apoyo de Dios.

EN EL TALLER DEL CARPINTERO
¿Cuáles son las maneras prácticas para reemplazar el bien por el mal? Vea hoy qué parte de su vida quiere que sea más semejante a la de Cristo.

Lea las Escrituras del margen. Subraye las palabras o frases que se refieren a la avaricia o codicia. En los versículos con el título "El proceder del mundo" identifique una conducta específica de la que quiera librarse. En los versículos con el título "El proceder del Espíritu" identifique una conducta específica con la que quiera reemplazar la anterior. Le daré un ejemplo. Cada día de la semana anotará el progreso que ha hecho por lograrla.

Por ejemplo:

Una conducta de la que quiero librarme: Gastar más de la cuenta.

Una conducta de mi vieja naturaleza que dejaré: No me endeudaré más con mis tarjetas de crédito cuando vea algo que piense que debo comprar.

Una manera en la que dejaré que el Espíritu Santo actúe para ser más como Cristo: Contentarme con lo que tengo y controlar mis deseos materiales; memorizar Hebreos 13.5 me ayudará a lograrlo.

Ahora experiméntelo usted.

Una conducta de la que quiero librarme: _____

Una conducta de mi vieja naturaleza que dejaré:

_____

Una manera en la que dejaré que el Espíritu Santo actúe para ser más como Cristo: _____

Proceder del mundo
"Pero fornicación y toda inmundicia, o avaricia, ni aun se nombre entre vosotros, como conviene a santos" (Efesios 5.3).

"Haced morir, pues, lo terrenal en vosotros: fornicación, impureza, pasiones desordenadas, malos deseos y avaricia, que es idolatría" (Colosenses 3.5).

"Y manifiestas son las obras de la carne, que son: adulterio, fornicación, inmundicia, lascivia, idolatría, hechicerías, enemistades, pleitos, celos, iras, contiendas, disensiones, herejías, envidias, homicidios, borracheras, orgías, y cosas semejantes a estas; acerca de las cuales os amonesto, como ya os lo he dicho antes, que los que practican tales cosas no heredarán el reino de Dios" (Gálatas 5.19-21).

Proceder del Espíritu
"Sed, pues, imitadores de Dios como hijos amados. Y andad en amor, como también Cristo nos amó, y se entregó a sí mismo por nosotros, ofrenda y sacrificio a Dios en olor fragante" (Efesios 5.1-2).

"Poned la mira en las cosas de arriba, no en las de la tierra" (Colosenses 3.2).

"Mas el fruto del Espíritu es amor, gozo, paz, paciencia, benignidad, bondad, fe, mansedumbre, templanza; contra tales cosas no hay ley" (Gálatas 5.23).

Cuéntele a su compañero de oración cómo el Espíritu Santo lo ha ayudado a usted. Dígale qué área de su vida quiere cambiar y pídale que ore con usted pidiéndole al Espíritu Santo que lo ayude a abandonar dicha conducta.

Hoy lea **Efesios 5** durante su devocional. Luego complete la guía diaria de comunión con el Maestro de la página 116.

DÍA 2

Esté alerta al enemigo

Una vida victoriosa implica estar consciente de cuánto poder tiene Satanás en usted y mantenerse a distancia del enemigo. Aunque el ser humano es la máxima creación de Dios, la personalidad se destruyó cuando la persona eligió seguir a Satanás y al pecado. Las armas de Satanás son poderosas. Solo un creyente insensato no toma en serio a Satanás.

LAS FUERZAS A LAS QUE SE ENFRENTA

Lea los versículos del margen. Anote las fuerzas mencionadas que luchan en contra del Espíritu de Dios en usted.

Gálatas 5.17: _____

1 Juan 2.15: _____

1 Pedro 5.8: _____

"Porque el deseo de la carne es contra el Espíritu, y el del Espíritu es contra la carne; y estos se oponen entre sí, para que no hagáis lo que quisiereis" (Gálatas 5.17).

"No améis al mundo, ni las cosas que están en el mundo. Si alguno ama al mundo, el amor del Padre no está en él" (1 Juan 2.15).

"Sed sobrios, y velad; porque vuestro adversario el diablo, como león rugiente, anda alrededor buscando a quien devorar" (1 Pedro 5.8).

Estos versículos dicen claramente que el enemigo está vivo y atento tratando de destruir a los creyentes en Cristo. Constantemente está mirando el punto débil de su personalidad para tratar de hacerlo tropezar. Su naturaleza pecadora, el mundo y el diablo son las fuerzas que luchan contra el Espíritu de Dios.

En cada uno de los siguientes casos, subraye la debilidad de la cual se vale Satanás para luchar en contra del Espíritu de Dios en la persona.

Era muy necesario para Julia trabajar para mantenerse ella y su hijo. Aunque había estudiado para estar al día en sus conocimientos y había ido a una agencia de empleos, seguía sin encontrar un trabajo después de seis meses buscándolo. Su cuenta bancaria estaba agotándose y la situación económica era cada vez más crítica. Julia era cristiana, había confiado en que Dios la guiara para conseguir un trabajo, pero comenzaba a dudar si Dios estaba consciente de su necesidad.

Pedro, padre de tres hijos, de alrededor de cuarenta años de edad, le diagnosticaron una enfermedad terminal. Al principio decidió que no permitiría que la enfermedad lo destruyera, pero el tratamiento y el dolor comenzaron a controlar sus emociones y su cuerpo. El tiempo ausente en su trabajo debido a la enfermedad ponía en peligro su empleo. Después de haber servido por años como maestro de la Escuela Dominical, Pedro se preguntaba por qué Dios no intervenía.

Raúl había trabajado mucho en su negocio y le iba muy bien. Como sus ingresos aumentaban decidió comprarse una casa más grande, un mejor vehículo y algunas otras posesiones materiales. Raúl siempre había sido activo en la iglesia, pero ahora el aumento de sus viajes y, además, el interés por los pasatiempos, le restaban más tiempo. Pronto comenzó a decirse que no tenía tiempo para la iglesia porque en realidad era una persona muy ocupada e importante.

Satanás atacó a cada uno de estos individuos según su debilidad. Cuando Julia dudó si Dios estaba consciente de su necesidad y cuando Pedro se cuestionó por qué Dios no intervenía en la enfermedad, le dieron a Satanás la oportunidad de entrar a sus vidas. Cuando Raúl pensó que podía seguir adelante sin tener comunión con otros creyentes, se hizo vulnerable al enemigo.

Satanás espera los momentos de tensión, duda, miedo y dolor para lograr establecerse en su vida. Él ve estas situaciones como buenas oportunidades para destruir su confianza en Dios. El Espíritu Santo lo ayudará a descansar en el Señor y a ejercitar el dominio propio mientras aguarda la ayuda de Dios.

Mientras leía los casos de estudio, ¿se pudo identificar con alguno de ellos? ¿En algún momento Satanás trató de destruirlo a usted en un momento de debilidad o ansiedad? Si es así, dibuje una estrella al lado de la ilustración que es similar a su caso. Identifique el área débil de su vida presente y de la pasada. Describa brevemente su batalla.

_____

_____

_____

GUÍA DIARIA DE COMUNIÓN CON EL MAESTRO

GÁLATAS 5

Qué me dijo Dios:

_____

_____

_____

_____

_____

_____

_____

Qué le dije yo a Dios:

_____

_____

_____

_____

_____

_____

_____

Los versículos bíblicos para memorizar esta semana se aplican al desafío que usted enfrenta cuando el pecado trata de dominar su vida. Escriba Romanos 6.12-13 en los siguientes espacios en blanco.

_____

_____

_____

SOMOS VENCEDORES

¿Qué hizo Jesús para asegurar que usted salga victorioso venciendo las fuerzas que luchan dentro de usted contra el Espíritu de Dios? Los tres versículos que aparecen en el margen responden esta pregunta.

Lea estos versículos del margen y describa qué hizo Jesús para vencer al enemigo:
Romanos 8.3: _____

Juan 16.33: _____

1 Juan 3.8: _____

"Porque lo que era imposible para la ley, por cuanto era débil por la carne, Dios, enviando a si Hijo en semejanza de carne de pecado y a causa del pecado, condenó al pecado en la carne" (Romanos 8.3).

"Estas cosas os he hablado para que en mí tengáis paz. En el mundo tendréis aflicción; pero confiad, yo he vencido al mundo" (Juan 16.33).

"El que practica el pecado es del diablo; porque el diablo peca desde el principio. Para esto apareció el Hijo de Dios, para deshacer las obras del diablo" (1 Juan 3.8).

¡Qué victoria! Usted no está solo al resistir los ataques de Satanás. Cristo fue antes que usted a conquistar la victoria suya. En su muerte en la cruz, Cristo condenó el pecado en la carne, venció al mundo y deshizo las obras del diablo. También le ha dado el Espíritu Santo para fortalecerlo durante la tentación.

¿No es esta una noticia maravillosa que le hace desear que todos sus conocidos tengan esa clase de poder? ¿Tiene usted presente a individuos en su círculo de influencias que sucumben ante la tentación porque jamás recibieron a Jesús? Tal vez usted los vea pecar por estar dominados por el diablo, mientras que usted desea que conozcan a Aquel que aplastó a Satanás y venció al mundo.

Ore por dos compañeros de trabajo o por dos vecinos que no conocen a Jesús.

EN EL TALLER DEL CARPINTERO

¿Cuánta fortaleza tiene usted para resistir los ataques de Satanás en su vida? El Espíritu Santo lo ayudará a suprimir un pensamiento o una acción dañina y a seguir pareciéndose más a Cristo.

El día 1 usted escribió una conducta de la que desea librarse para ser más semejante a Cristo. Describa hoy algún incidente en el cual haya notado que ya ha comenzado a librarse de esa conducta.

_____

Hoy lea Gálatas 5 durante su devocional. Es otro capítulo de los que ha leído para obtener instrucciones sobre cómo asemejarse a Cristo. Luego complete la guía diaria de comunión con el Maestro discipular de la página 119.

DÍA 3

Una victoria que puede ser suya

Ayer aprendió que ya Jesús le preparó la victoria para cuando Satanás quiera aprovecharse de un momento de debilidad y le quiera quitar confianza en Dios. Imagínese la escena de Jesús muriendo en la cruz por usted. ¿Sabe por qué Él estaba allí? Para que usted pueda participar en Su victoria sobre el pecado. Bajo la ley, no habría perdón de pecados sin la sangre derramada. La muerte y resurrección de Jesús hace posible su justicia ante Dios. Su perfección impecable es la única ofrenda aceptable para su expiación. Sin la sangre derramada de Jesús no puede haber remisión de pecado. Lea Hebreos 9.22 en el margen.

Lea los versículos que aparecen en el margen, los cuales describen la victoria de Jesús sobre el pecado. Asocie cada versículo de la primera columna con el concepto resumido de la segunda.

___ 1. Hebreos 9.26   a. En Jesús usted ha muerto al pecado.

___ 2. Romanos 6.11   b. La sangre de Jesús lo limpia de pecado.

___ 3. 1 Corintios 15.56-57   c. Mediante su sacrificio, Jesús nos purificó del pecado.

___ 4. 1 Juan 1.7   d. A través de Jesús, usted tiene la victoria sobre el pecado.

La sangre de nuestro perfecto Salvador es la fuente para que usted se limpie de pecado. Es como si usted estuviera muerto al poder del pecado. El pecado ya no es su amo. Jesús ha provisto una salida. Las respuestas correctas son 1.c, 2.1, 3.d, 4.b.

UNA VIDA DE VICTORIA

La victoria de Jesús puede ser suya. Gálatas 2.20 revela las dos dinámicas inseparables de la victoria: "Con Cristo estoy juntamente crucificado, y ya no vivo yo, más vive Cristo en mí; y lo que ahora vivo en la carne, lo vivo en la fe del Hijo de Dios, el cual me amó y se entregó a sí mismo por mí". Una de las dos dinámicas es la muerte; la otra es la vida nueva. Una es el abandono de la egolatría y la otra es la aceptación absoluta del señorío de Cristo y la voluntad de Dios.

"Y casi todo es purificado según la ley, con sangre; y sin derramamiento de sangre no se hace remisión" (Hebreos 9.22).

"De otra manera le hubiera sido necesario padecer muchas veces desde el principio del mundo; pero ahora, en la consumación de los siglos, se presentó una vez para siempre por el sacrificio de sí mismo para quitar de en medio el pecado" (Hebreos 9.26).

"Así también vosotros consideraos muertos al pecado, pero vivos para Dios en Cristo Jesús, Señor nuestro" (Romanos 6.11).

"[...]ya que el aguijón de la muerte es el pecado, y el poder del pecado, la ley. Mas gracias sean dadas a Dios, que nos da la victoria por medio de nuestro Señor Jesucristo" (1 Corintios 15.56-57).

"Pero si andamos en luz, como él está en luz, tenemos comunión unos con otros, y la sangre de Jesucristo su Hijo nos limpia de todo pecado" (1 Juan 1.7).

GUÍA DIARIA DE COMUNIÓN CON EL MAESTRO

COLOSENSES 3

Qué me dijo Dios:

_____

_____

_____

_____

_____

_____

_____

Qué le dije yo a Dios:

_____

_____

_____

_____

_____

_____

Complete este versículo con las palabras que describen las dos dinámicas de la acción. Verifique luego su versión en el párrafo anterior.

"Con Cristo estoy juntamente _____ y ya no _____".

La muerte a una vida de derrota en manos del mundo, la carne y el diablo produce una vida victoriosa sobre esos tres adversarios conocidos. El mismo tema se repite en Romanos 6.11, el cual aparece en el margen de la página anterior.

Lea Romanos 6.11 en el margen de la página anterior. Escriba con sus propias palabras lo que significa este versículo.

_____

Quizás haya escrito algo así en su propia versión del versículo: Me considero muerto al pecado pero vivo en Cristo Jesús.

¿Qué opina respecto a que la victoria de Jesús sobre el pecado pueda ser suya? Marque el concepto o los conceptos que correspondan:

❏ Me resulta difícil creer que eso sea posible. El pecado y el diablo son demasiado poderosos para vencerlos.
❏ Quiero creer que tengo la victoria sobre el pecado, pero no me siento digno.
❏ No merezco esa clase de amor, pero creo en la Palabra de Dios cuando dice que esa victoria es un regalo precioso para mí, y lo acepto espontáneamente.
❏ Otro: _____

La victoria de Cristo sobre el pecado es tema popular en sermones y lecciones en las iglesias. Esta semana use el formulario titulado "Escuchemos la Palabra" para escribir apuntes de una lección de la Escuela Dominical o de un sermón, especialmente en cuanto a la vida victoriosa.

EN EL TALLER DEL CARPINTERO

En sus esfuerzos para librarse de la vieja naturaleza y reemplazarla por la nueva, ¿cómo se apropia usted de la victoria de Cristo sobre el pecado?

Ayer usted escribió acerca del progreso que hace para librarse de los viejos hábitos en áreas relacionadas con la codicia. Describa hoy algo nuevo que Cristo esté agregando a su vida para reemplazar la vieja naturaleza.

_____

Hoy lea Colosenses 3 durante su devocional. Es el tercer pasaje del cual ha recibido instrucciones sobre la conducta que se asemeja a Cristo. Luego complete la guía diaria de comunión con el Maestro de la página 122.

DÍA 4

Resistir la tentación

La victoria en Jesucristo puede parecer muy fácil de reclamar cuando se está oyendo un buen sermón en la iglesia o cuando está disfrutando de un buen devocional en la casa. Pero ¿qué pasa cuando está en el trabajo, en medio de un conflicto familiar o atravesando un problema personal? ¿Cómo experimenta victoria en el calor de las circunstancias diarias?

FORTALEZA PARA RESISTIR LA TENTACIÓN

Para entender cómo experimentar esta victoria, estudiemos primero cómo se arraiga el pecado en su vida. El pecado comienza con la tentación. La Biblia dice que a Jesús lo tentaron en todo como usted es tentado, sin embargo, Él no pecó (véase Hebreos 4.15, en el margen). Es reconfortante reconocer que Él sabe y comprende cuando usted está a punto de caer en el lazo de Satanás. Debido a que Jesús lo comprende, Él puede ayudarlo cuando usted es tentado (véase Hebreos 2.18, en el margen).

Lea 1 Corintios 10.13, en el margen. Basándose en lo que ha leído, explique cuál es el error de este concepto: Algunas tentaciones son tan fuertes que no pueden resistirse.

_____

_____

Ninguna tentación es demasiado fuerte como para resistirla. Dios provee una salida para cada tentación.

¿Qué impacto le causa la oración a la tentación? Lea Mateo 26.41, en el margen. Luego marque la respuesta correcta.
❏ **Si usted ora, no será tentado.**
❏ **Mediante la oración usted puede resistir la tentación.**

El versículo de Mateo que usted leyó contiene palabras dichas por Jesús cuando estaba en el huerto de Getsemaní con los discípulos. Él

"Porque no tenemos un sumo sacerdote que no pueda compadecerse de nuestras debilidades, sino uno que fue tentado en todo según nuestra semejanza, pero sin pecado" (Hebreos 4.15).

"Pues en cuanto él mismo padeció siendo tentado, es poderoso para socorrer a los que son tentados" (Hebreos 2.18).

"No os ha sobrevenido ninguna tentación que no sea humana; pero fiel es Dios, que no os dejará ser tentados más de lo que podéis resistir, sino que dará también juntamente con la tentación la salida, para que podáis soportar" (1 Corintios 10.13).

"Velad y orad, para que no entréis en tentación; el espíritu a la verdad está dispuesto, pero la carne es débil" (Mateo 26.41).

sabía que los discípulos iban a necesitar más que un espíritu de buena voluntad para resistir las tentaciones que les esperaban. Él supo que necesitaban fortalecerse con oración. La oración no impide la tentación. Siempre habrá tentación. La oración puede proporcionarle fortaleza espiritual para resistir la tentación.

HUYAMOS DE LA TENTACIÓN

Hay pensamientos y deseos malignos que pasan por la mente de una persona. Eso es la tentación. La tentación en sí misma no es pecado. Darle lugar a esos pensamientos permitiendo que la mente juegue con la idea, *sí es* pecado. Cuando un creyente carnal "mira las vidrieras" del pecado, el diablo viene a la puerta y lo invita a entrar. El creyente carnal responde: "No, no... miraba solamente". Sin embargo, la disposición de dicha persona hacia la tentación con frecuencia conduce al pecado.

"Huye también de las pasiones juveniles, y sigue la justicia, la fe, el amor y la paz, con los que de corazón limpio invocan al Señor" (2 Timoteo 2.22).

¿Qué le advierte la Biblia al creyente espiritual que haga con respecto a la tentación? Lea 2 Timoteo 2.22, en el margen. Al creyente espiritual se le advierte que:
❏ **huya de la tentación;**
❏ **busque la tentación.**

Según el mismo versículo, ¿qué debe seguir un creyente espiritual?

_____

Un creyente espiritual debe seguir la justicia, la fe, el amor y la paz. Si las metas de un creyente espiritual son vivir en justicia, tener fe en Dios y mantener relaciones de paz y amor, entonces tal creyente tiene un arsenal de armas para usar en tiempo de tentación.

Vuelva a leer los estudios de casos de las páginas 118-119. Describa los pasos que debe dar cada creyente para resistir la tentación.

Julia: _____

_____

_____

Pedro: _____

_____

_____

Raúl: _____

_____

Julia es un blanco para el ataque de Satanás debido a su desaliento. Podría resistir a Satanás admitiendo su frustración por la búsqueda de empleo, mientras que no olvida la fidelidad de Dios en el pasado y en las Escrituras procura la seguridad de que Él tiene cuidado de sus hijos. Julia podría pedirle a otros creyentes algunas pistas para conseguir empleo. Podría considerar otras fuentes de ayuda financiera si le parece que van a faltarle sus recursos esenciales.

Resistir la tentación durante el dolor físico, como lo experimentó Pedro, requiere una fortaleza de carácter que sólo el Espíritu Santo hace posible. Pedro podría rendir su condición física y su futuro al pie de la cruz, creyendo que puede poner los días venideros en las manos del Dios que lo creó y resguardó hasta estos tiempos. Pedro podría reconocer sus sentimientos de soledad y desamparo. Podría orar acerca de sus opciones, incluso de otros tratamientos u opiniones médicas. Podría considerar medios alternativos para generar ingresos económicos para la familia, como trabajar en la casa o trabajar a parte del tiempo, hasta que mejore su salud.

La arrogancia de Raúl y el amor propio son medios con los que Satanás logra establecerse en su vida. El Espíritu Santo puede convencer a Raúl del pecado que hay en su vida y puede guiarlo a buscar perdón. Raúl podría volver a examinar cómo usa su tiempo y recursos económicos. Además de volver a un compañerismo regular con los creyentes, podría dedicarle más de su tiempo libre a ministerios de la iglesia. En lugar de colocar la gratificación de sí mismo en el centro de su vida, podría concentrarse en Cristo como prioridad principal.

Toda persona peca, incluso el creyente espiritual. ¿Qué debe hacer usted cuando el Espíritu Santo lo convence de pecado en su vida? Lea 1 Juan 1.9-10, en el margen, y escriba *cierto* junto al concepto correcto:

_____ 1. Debe decir que no ha pecado.

_____ 2. Debe confesar su pecado.

_____ 3. Debe castigarse por su pecado.

Nadie está sin pecado. Dios quiere que usted confiese su pecado. La confesión hace posible que Dios cumpla la promesa de perdonarlo. El concepto correcto es el 2.

¿A quién conoce usted que necesite escuchar el saludable mensaje de que Dios perdona el pecado? Dentro de sus círculos de influencia hay muchas personas que viven en la esclavitud del pecado, sin saber que pueden aferrarse a la promesa de Dios de perdonarles su pecado. Su testimonio puede ayudarlo a dar la buena noticia.

"Si confesamos nuestros pecados, él es fiel y justo para perdonar nuestros pecados, y limpiarnos de toda maldad. Si decimos que no hemos pecado, le hacemos a él mentiroso, y su palabra no está en nosotros" (1 Juan 1.9-10).

GUÍA DIARIA DE COMUNIÓN CON EL MAESTRO

JOB 1

Qué me dijo Dios:

_____

_____

_____

_____

_____

_____

Qué le dije yo a Dios:

_____

_____

_____

_____

_____

_____

_____

_____

 Siga mejorando su testimonio usando las ideas que su líder le dio la semana pasada. Recuerde que debe limitarlo a 3 minutos. Prepárese para dar su testimonio en el Taller del testimonio que sigue a este estudio.

Según los versículos para memorizar esta semana, ¿qué debe hacer usted con respecto al pecado en su vida?

_____

_____

Recite en voz alta los versículos para memorizar esta semana. Luego repase los versículos que memorizó durante las semanas anteriores a este estudio.

Hoy lea Job 1 durante su devocional. Este pasaje describe la negativa de Job a pecar frente a su propio desaliento. Vea cómo le habla Dios a través de este pasaje. Luego complete la guía diaria de comunión con el Maestro en el margen.

APLICACIÓN DE LA PERSONALIDAD DEL DISCÍPULO

Practique una explicación con sus propias palabras sobre cómo aplicar el diagrama de la personalidad del discípulo usando Gálatas 5.16-25. En la sesión de grupo anterior, su líder le debe haber explicado cómo hacerlo. En el diagrama básico de la página siguiente cierre la puerta de la carne al dibujar una cruz en el centro del círculo que abarque las palabras _espíritu, carne, mente, voluntad_ y _emociones_. Atraviese la palabra _carne_ con el vocablo _crucificado_. Ahora escriba la palabra _andar, guiados_ y _vivir_ por encima del círculo y dibuje una flecha que apunte hacia arriba, encima de las tres palabras. Escriba la frase _El fruto del Espíritu_ arriba de la flecha y, encima de dicha frase, dibuje otra flecha apuntando hacia la palabra _Dios_. Luego escriba las palabras _pasiones_ y _deseos_ debajo del círculo, con una flecha que apunte para abajo, hacia la frase _Las obras de la carne_. Dibuje otra flecha que apunte para abajo, hacia la palabra _Satanás_. Vea la página 140 si necesita ayuda con su dibujo.

DIOS

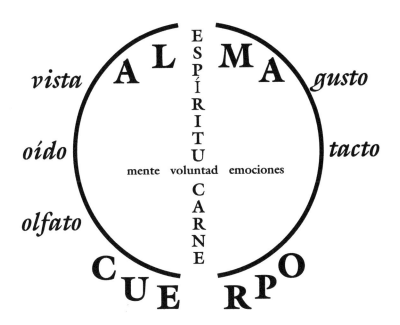

SATANÁS

Ahora escriba aquí su explicación.

_____

_____

_____

_____

_____

_____

_____

DÍA 5

❧

Victoria en Cristo

En una ocasión viajaba en avión, de regreso de una conferencia, y una joven que había asistido a la misma se sentó junto a mi esposa y yo. La joven nos relató una de las historias más sorprendentes que jamás había oído acerca de la vida victoriosa. Actualmente, dicha joven hace brillar su luz en un país que le da poco acceso al evangelio, pero la misma describió una vida que comenzaba con todo menos victoria.

Esta mujer era una de los seis hijos de un padre alcohólico. A los 13 años de edad, vivía sola en la calle. Desde entonces su vida fue una espiral descendente. Aun así, gracias a su determinación, asistió a la universidad, obtuvo un diploma en educación primaria y comenzó a enseñar. Entre sus alumnos, notó que una niña de nueve años parecía diferente. Después de la clase, la niña ayudaba a borrar el pizarrón y a limpiar el aula; así fue como se hicieron amigas. Un día, la estudiante le preguntó a su maestra si asistía a la iglesia. La mujer contestó que solía ir a confesarse con su madre. Entonces la niña le pidió que la ayudara a memorizar versículos bíblicos que necesitaba aprender antes de bautizarse. El primer versículo era Juan 3.16. Cuando la maestra lo leyó, lloró y exclamó: "No podía imaginar que Dios me amara después de lo que hice", recordaba esta joven.

La maestra luego asistió a un culto de la iglesia y lloró todo el tiempo. "Hablé con mi prometido, junto al cual vivía, y le dije que necesitábamos cambiar", nos contó. Un día en que él no estaba en la casa, ella regresó y encontró a un hombre que hurgaba en el departamento buscando dinero. Como no pudo dárselo, el hombre la violó. La mujer relató lo que sucedió después: "Cuando aquello terminó, abrí la Biblia en Juan 3.16, que era el único versículo que sabía. El hombre admitió que lo que había hecho estaba mal, pero que su madre estaba enferma y necesitaba dinero. Me pidió que lo perdonara. Le respondí: "Si Dios está dispuesto a perdonarme todo lo que he hecho, ¿cómo puedo negarme a perdonarlo?" Nos arrodillamos y él pidió perdón. Al pedir perdón por mi vida pecadora, le entregué mi vida a Cristo. Dos semanas más tarde, regresé a la iglesia he hice una decisión de fe pública. Como mi prometido no iba a cambiar, me mudé del departamento que compartía con él".

Entonces la joven comenzó a orar por la salvación de sus padres. Seis años después, ambos entregaron su vida a Cristo. Ella comenzó a servir en la iglesia, luego participó en viajes misioneros a México y Belize. Ahora sirve de misionera. Así concluyó su historia: "Alabo a Dios por su bondad y amor. Estoy agradecida porque ahora puedo demostrar su amor a personas que nada saben acerca de Él".

Mientras regresaba a su asiento en el avión, me dije: "¡Oh profundi-

"Si Dios está dispuesto a perdonarme todo lo que he hecho, ¿cómo puedo negarme a perdonarlo?"

dad de las riquezas de la sabiduría y de la ciencia de Dios! ¡Cuán insondables son[...] sus caminos!" (Romanos 11.33). Después de oír cómo Cristo la había perdonado en su gracia y la había guiado a ser un testigo ferviente y brillante para Él, pude entender aún más claramente la victoria que tenemos en Cristo.

Gracias a la cruz, Dios lo perdona y lo acepta, igual que a la mujer en el avión. Así que, no es necesario que por sí solo trate de hacer todo bien o desesperadamente darse por vencido. Desde la cruz, Jesús le da su justicia a medida que usted está crucificado y resucitado con Él.

Jesús le aseguró a sus discípulos que los que sufran con Él, algún día reinarán con Él (véase 2 Ti 2.11-13, en el margen). Su victoria apunta al futuro, pero también tiene un sentido presente.

EN EL TALLER DEL CARPINTERO

¿Cómo ha obrado el Espíritu Santo en usted esta semana para edificar un carácter más semejante a Cristo? ¿Ha progresado usted en librarse de la vieja naturaleza y en permitir que el Espíritu ponga nuevas conductas en su vida?

Complete las oraciones siguientes mientras piensa en los cambios relacionados con la codicia que identificó anteriormente esta semana.

Algo de lo que me he librado esta semana:

_____

Algo que Cristo le ha agregado a mi carácter esta semana:

_____

Deténgase y en oración de gracias a Dios por el don del Espíritu Santo que lo ayuda a parecerse cada vez más a Cristo.

Medite en las victorias morales y espirituales que Jesús ha logrado para usted durante las últimas semanas. Identifique áreas de su vida en las cuales todavía sufre la derrota.

_____

Repase los siete pasos para tener un carácter más semejante a Cristo que figuran al final de la presentación de la personalidad del discípulo (p. 139). ¿Qué pasos necesita dar usted para lograr la victoria en cada área de su vida?

_____

_____

*"Si somos muertos con él,
    también viviremos con él;
Si sufrimos,
    también reinaremos con él;
Si le negáremos,
    él también nos negará.
Si fuéremos infieles,
    él permanece fiel;
El no puede negarse a sí
    mismo"
(2 Timoteo 2.11-13).*

APLICACIÓN DE LA PERSONALIDAD DEL DISCÍPULO

Ya que se acerca al final de *Vida discipular 2: La personalidad del discípulo*, se le pide que demuestre su conocimiento acerca de la personalidad del discípulo, que ha estudiado a lo largo de este proceso. Dibuje el diagrama de la personalidad del discípulo y explíqueselo con sus propias palabras a otro miembro del grupo. Diga los versículos que correspondan. Vea las páginas 133-139 si necesita ayuda.

Espero que haya valorado su esfuerzo de memorización bíblica durante este estudio. Usted ha memorizado seis pasajes que acompañan los diversos aspectos de la personalidad del discípulo. Nada de lo que ha hecho en este estudio se ha logrado sin invertir tiempo. Espero que este proceso lo haya ayudado a guardar la Palabra de Dios en su corazón para usarla en una diversidad de situaciones, junto con los conceptos de la personalidad del discípulo.

Escriba los versículos que ha memorizado durante este estudio. Compruebe si puede recordarlos bien sin tener que volver a leerlos. Prepárese para que al finalizar el estudio, se los repita a un compañero en el Taller del testimonio.

Romanos 6.12-13: _____

_____

Efesios 5.18: _____

_____

Filipenses 2.13: _____

_____

Romanos 12.1-2: _____

_____

Gálatas 5.22-23: _____

_____

1 Corintios 6.19-20: _____

_____

EL TALLER DEL TESTIMONIO

Al participar en este estudio, usted ha aprendido los elementos básicos para redactar su testimonio cristiano, el cual deberá estar listo para dar en el Taller del testimonio que sigue a este estudio. Espero que esta experiencia sea importante para usted.

✝ Practique cómo dar su testimonio a otros mientras se prepara para darlo durante el Taller del testimonio al finalizar este estudio. Recuerde que debe limitarlo a tres minutos. Prepárese para presentarlo en diversas situaciones: a una persona escéptica, a alguien que está ansioso por oírlo, a alguien que cree que puede ganarse la salvación por sí mismo, etc.

✝ Hoy lea 2 Timoteo 2 durante su devocional. En este pasaje Pablo enseña a Timoteo a aferrarse a la victoria en Cristo. Luego complete la guía diaria de comunión con el Maestro en el margen.

¿QUÉ EXPERIENCIAS TUVO EN ESTA SEMANA?
Repase la sección "Mi andar con el Maestro en esta semana" al comienzo del material para esta semana. Marque las actividades que haya completado con una línea vertical en el diamante. Termine toda actividad incompleta. Piense en lo que dirá durante la sesión de grupo acerca de su trabajo en tales actividades.

Felicitaciones por completar el curso de estudio de *Vida discipular 2: La personalidad del discípulo*. Después de estas seis semanas de estudio, espero que el concepto de la vida en el Espíritu tenga un nuevo significado para usted. No es fácil examinar las áreas conflictivas de su personalidad. Con frecuencia eso requiere que usted admita sus debilidades y tentaciones, a pesar de que le gustaría pensar que usted es de los que no tropieza fácilmente. Ruego que este proceso lo haya hecho mucho más consciente con respecto a las áreas vulnerables de su vida para que pueda estar más alerta a las situaciones en que necesita cerrar la puerta de la carne. Que el Espíritu Santo lo fortalezca al aferrarse a la victoria en Cristo.

¡Qué oportunidad tan grandiosa de camaradería y crecimiento espiritual va a experimentar cuando asista al Taller del testimonio! Es probable que su líder ya le haya proporcionado detalles acerca de dicho taller. Preveo que usted será movido en maneras que no puede imaginar cuando oiga a otros informar sobre cómo obra el Espíritu Santo en la vida de los miembros del grupo. Y más importante aún: Al refinar y pulir su propio testimonio personal de tres minutos y al prepararse para darlo a otras personas que necesitan oírlo, tendrá valor y será motivado. El taller le dará fortaleza y valentía para testificar a otros, como nunca pensó que podría experimentar. De igual manera, recibirá un sensacional "preestreno" de *Vida discipular 3: La victoria del discípulo*, el cual espero que ya haya planeado estudiar a continuación de este estudio. Como discípulo de Jesucristo, ¡lo esperan días sensacionales!

GUÍA DIARIA DE COMUNIÓN CON EL MAESTRO

2 TIMOTEO 2

Qué me dijo Dios:

_____

_____

_____

_____

_____

_____

_____

Qué le dije yo a Dios:

_____

_____

_____

_____

_____

_____

La cruz del discípulo

La cruz del discípulo proporciona un medio para visualizar y entender sus oportunidades y responsabilidades como discípulo de Cristo. La cruz describe las seis disciplinas bíblicas de una vida cristiana equilibrada. *Vida discipular 1: La cruz del discípulo* interpreta los significados bíblicos de las disciplinas e ilustra detalladamente cómo dibujar la cruz del discípulo y explicarla.

Debido a que *Vida discipular 2: La personalidad del discípulo* se refiere a algunos elementos de la cruz del discípulo y, asimismo, a que su trabajo semanal incluye tareas relacionadas con las seis disciplinas, a continuación presentamos un breve panorama de la cruz del discípulo.

Como discípulo de Jesús, usted tiene:
1. Al Señor como la primera prioridad de su vida
2. Relaciones: una relación vertical con Dios y una relación horizontal con los demás
3. Deberes: negarse a sí mismo, tomar su cruz cada día y seguir a Cristo
4. Recursos para que Cristo sea el centro de su vida: la Palabra, la oración, la comunión y el testimonio
5. Ministerios que se desarrollan a partir de los cuatro recursos: enseñanza y predicación, adoración e intercesión, cuidado mutuo, evangelización y servicio
6. Las disciplinas del discípulo: dedicar tiempo al Maestro, vivir en la Palabra, orar con fe, tener comunión con los creyentes, testificar al mundo y ministrar a otros. Al practicar dichos principios bíblicos, usted puede permanecer en Cristo y serle útil en su servicio.

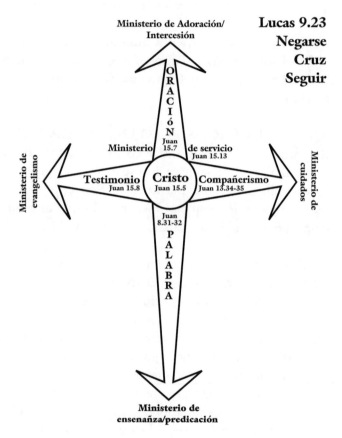

Ministerio de Adoración/Intercesión

Lucas 9.23 Negarse Cruz Seguir

ORACIÓN Juan 15.7

Ministerio de servicio Juan 15.13

Ministerio de evangelismo

Testimonio Juan 15.8

Cristo Juan 15.5

Compañerismo Juan 13.34-35

Ministerio de cuidados

Juan 8.31-32 PALABRA

Ministerio de ensenañza/predicación

La personalidad del discípulo

La personalidad del discípulo constituye el punto central de todo lo que se estudia en *Vida discipular 2: La personalidad del discípulo*. Esta presentación proporciona un medio para entender por qué usted piensa, siente y actúa de la manera en que lo hace, y explica cómo semejarse más a Cristo en carácter y conducta.

Luego siguen instrucciones detalladas para presentar la personalidad del discípulo a otra persona. Cada semana se estudia una parte adicional de la presentación y el pasaje bíblico que le corresponde. Encontrará que referirse a esta explicación detallada y a los dibujos, le será útil al aprender acerca de la personalidad del discípulo y repasarlo en el futuro. No trate de memorizar esta presentación. Aprenderá a desarrollarla en sus propias palabras. No se deje abatir por la cantidad de material que integra el estudio. Lo aprenderá en segmentos semanales. Al finalizar este estudio será capaz de hacer el dibujo completo de la personalidad del discípulo y explicarlo con sus propias palabras.

Para explicarle a alguien el diagrama de la personalidad del discípulo, utilice hojas de papel sin líneas para dibujar las ilustraciones. Las instrucciones para usted se incluyen entre paréntesis. El siguiente material es la presentación que se le hace a otra persona. Las palabras escritas en **negritas** indican cuándo hay que agregar elementos a sus dibujos.

Tal vez usted a veces se pregunte por qué piensa, siente y actúa de la manera como lo hace. ¿Podría dibujar una ilustración que me ayudó a entenderme? Este dibujo ilustra las enseñanzas bíblicas acerca de su personalidad. Demuestra cómo hacer que Cristo sea el Señor de su vida y cómo vivir como discípulo de Cristo.

LA PERSONALIDAD INTEGRAL

(En el centro de una hoja de papel en blanco, dibuje un círculo incompleto dejando espacios abiertos en las partes superior e inferior del círculo, como se indica a continuación. Escriba la palabra *Dios* arriba del círculo.) **Dios** lo creó a usted como un ser físico y espiritual.

La parte física provino de la tierra.

La parte espiritual se originó en el Espíritu de Dios. El círculo lo representa a usted, es decir, la totalidad de su personalidad. La Biblia lo describe a usted como una unidad. Tal es la razón por la que dibujé un círculo que representa su personalidad. A medida que le explico su personalidad, agregaré cada elemento. Cuando usted entienda cada elemento de su personalidad y cómo funciona, descubrirá cómo integrar su personalidad bajo el señorío de Cristo.

Cuerpo

(Escriba la palabra *cuerpo* debajo del círculo. Escriba los cinco sentidos a cada lado del círculo, por afuera,

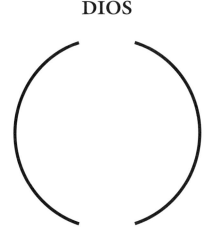

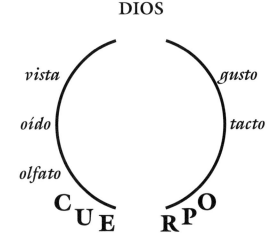

como se ilustra a continuación.) La Biblia lo describe a usted como un **cuerpo**. Dios hizo su cuerpo con la tierra para cumplir varias funciones. A través de su cuerpo usted puede participar en el mundo físico. Sus **cinco sentidos** se relacionan con el resto de la creación de Dios. Su cuerpo hace posible que usted se comunique con el mundo que lo rodea y con otras criaturas vivientes. Su cuerpo le proporciona una identidad física que hace de usted una personalidad distinta y única. Al crearlo, Dios hizo que su cuerpo fuera bueno.

Alma

(Escriba la palabra *alma* en la parte superior del círculo, en el interior del mismo. Escriba las palabras *mente*, *voluntad* y *emociones* horizontalmente, como se ilustra a continuación.) La Biblia también lo describe a usted como un **alma**. Usted no tiene simplemente un alma; usted *es* un alma. Génesis 2.7 dice que el primer ser humano se hizo alma viviente cuando Dios mismo le sopló el aliento de vida. Dios le dio de su vida a la per-

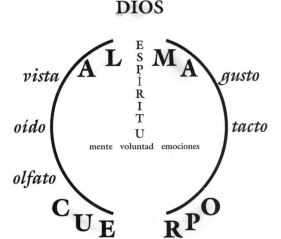

sona que hizo. En la Biblia, las palabras que definen el concepto de *alma* generalmente significan *vida* o *el ser total*. Cuando la Biblia dice que el alma de una persona se salva o se pierde, se refiere a la persona total. A veces el término *alma* significa *corazón* o *la sede de la voluntad, los deseos y los afectos*, es decir *el ser humano interior*. La palabra *psyche* se origina en el vocablo griego para *alma*. La capacidad del alma para pensar, querer (ejercitar su voluntad) y sentir, proporciona una mayor evidencia de que los seres humanos son creados a la imagen de Dios. Los tres elementos: **mente**, **voluntad** y **emociones**, contribuyen a formar la personalidad que lo distingue.

Espíritu

La Biblia también lo describe a usted como un **espíritu**. El espíritu suyo lo relaciona directamente con la imagen de Dios. Le brinda la capacidad de tener conciencia de usted mismo y de tener comunión con Dios y obrar con Él. Las personas y Dios pueden comunicarse directamente. Cuando Dios terminó de crear a la primera persona, según Génesis 1.31, dijo "que era bueno".

LA PERSONA NATURAL

La carne

(Debajo del círculo escriba la palabra *Satanás*.) Tan pronto como la creación de Dios hubo terminado, hubo otro ser espiritual que ingresó en la misma. La humanidad se entregó a la tentación de **Satanás** y desobedeció a Dios. Hubo un aspecto diferente de la naturaleza espiritual que ingresó en la personalidad humana. Dicho aspecto se llama la carne. La Biblia usa la palabra *carne* de dos maneras. El significado general es el *cuerpo*, refiriéndose al cuerpo físico. El otro significado es simbólico y se refiere a la naturaleza pecaminosa. Significa la capacidad humana para pecar y seguir a Satanás en lugar de a Dios.

(Dibuje dos puertas abiertas del lado interior del círculo. Dibuje un picaporte del lado de adentro de cada puerta.) Observe que la ilustración tiene dos puertas. La puerta superior, o sea **la puerta del espíritu**, le permite relacionarse con Dios. La puerta inferior, o sea **la puerta de la carne**, le permite relacionarse con Satanás. Al crear a los seres humanos, Dios les dio el libre albedrío. Observe que la voluntad se ubica

entre la puerta del espíritu y la puerta de la carne; observe también que los picaportes están del lado de adentro de cada puerta. Desafortunadamente, cuando Satanás tentó a los primeros seres humanos, Adán y Eva, ellos escogieron darle la espalda a Dios y seguir la orientación de Satanás. En ese momento, la naturaleza pecaminosa o el "yo" del ser humano se hizo cargo de la situación. (Dibuje dos líneas verticales paralelas entre las puertas como se ilustra a continuación. Cierre la puerta del espíritu completando la abertura superior del círculo. Atraviese la palabra *espíritu* con una línea como se ilustra. Escriba *carne*, como se ilustra. Deje abierta la puerta de la carne.) La puerta del **espíritu** se cerró y la humanidad murió espiritualmente. La puerta de la **carne** se abrió y la naturaleza pecaminosa se integró como parte de la personalidad humana. Los resultados fueron terribles. La carne cobró vida, con lo cual se degeneraron la mente, la voluntad y las emociones. La personalidad completa: cuerpo, alma y espíritu, fue infiltrada con maldad y muerte.

A través de la tentación de Satanás, la humanidad desobedeció los mandamientos de Dios y cayó de su estado de inocencia original. En consecuencia, los descendientes de los primeros humanos pecadores heredaron una naturaleza y un ambiente inclinados al pecado. Tan pronto como los seres humanos tienen la capacidad de obrar moralmente, se constituyen en transgresores y son responsables ante Dios por cerrar la puerta del espíritu y excluirlo a Él.

La condición actual de la persona natural
(Escriba *La persona natural* y *1 Corintios 2.14* arriba del dibujo.) *La persona natural* es egocéntrica y está dispuesta a la tentación y el poder de Satanás. Dicha persona no puede relacionarse adecuadamente con Dios. **1 Corintios 2.14** dice: "Pero el hombre natural no percibe las cosas que son del Espíritu de Dios, porque para él son locura, y no las puede entender, porque se han de discernir espiritualmente".

Sus pensamientos son influidos por la maldad; usted controla sus emociones; su voluntad es débil. Incluso las personas disciplinadas y de voluntad fuerte son incapaces de vencer los efectos de la carne. No importa cuántas cosas buenas haga usted, la Biblia dice que una persona natural no puede agradar a Dios. Las personas pueden allegarse a Dios sólo si el Espíritu Santo las atrae hacia Él.

El hombre natural
1 Co 2.14

Dios lo ama a usted a pesar de que sea pecador. Él envió a su único Hijo a pagar el precio de los pecados suyos, para que no pereciera sino que tuviera vida eterna. Jesús murió en la cruz para salvarlo del pecado y la muerte, y para acercarlo a Dios. Después de resucitar, Él envió al Espíritu Santo a la tierra para atraerlo a usted hacia Dios.

El Espíritu Santo puede hablarle a una persona natural, incluso si la puerta del espíritu está cerrada. Cuando usted abre la puerta del espíritu, el Espíritu de Dios entra en su personalidad, y su espíritu vuelve a nacer.

(Si usa esta ilustración con una persona inconversa, pase directamente a la sección titulada "El creyente espiritual". Si habla con un creyente en Cristo, continúe con la sección titulada "El creyente carnal".)

EL CREYENTE CARNAL

(Dibuje la ilustración que aparece a continuación. Es la misma que el dibujo anterior, pero sin la línea que atraviesa la palabra *espíritu* y con ambas puertas abiertas. Escriba *El creyente carnal* y *1 Corintios 3.1-3* arriba del diagrama.) Ahora dibujaré el mismo **círculo** para ilustrar al creyente carnal. Esta persona ha **abierto la puerta del espíritu** pero también **ha dejado abierta la puerta de la carne**. Tal persona todavía vive en la carne a pesar de haber renacido espiritualmente.

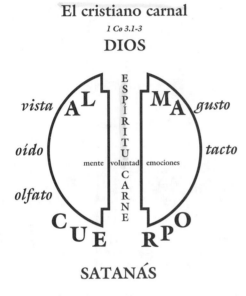

En determinado momento, esta persona reconoció que Cristo podía darle vida eterna. Esta persona abrió la puerta del espíritu y volvió a nacer por el poder del Espíritu Santo. Dicho creyente en Cristo cobró vida y llegó a ser participante de la naturaleza divina, pero no creció como debía.

En 2 Pedro 1.3 dice: "Como todas las cosas que pertenecen a la vida y a la piedad nos han sido dadas por su divino poder, mediante el conocimiento de aquel que nos llamó por su gloria y excelencia, por medio de las cuales nos ha dado preciosas y grandísimas promesas, para que por ellas llegaseis a ser participantes de la naturaleza divina, habiendo huido de la corrupción que hay en el mundo a causa de la concupiscencia". Este pasaje enumera luego los rasgos de carácter que un creyente necesita incorporar a su vida a medida que crece espiritualmente: "Vosotros también, poniendo toda diligencia por esto mismo, añadid a vuestra fe virtud; a la virtud, conocimiento; al conocimiento, dominio propio; al dominio propio, paciencia; a la paciencia, piedad; a la piedad, afecto fraternal; y al afecto frater-

nal, amor" (2 Pedro 1.5-7). Si la persona no hace eso, será inepta, improductiva, miope y ciega. La persona habrá olvidado "la purificación de sus antiguos pecados" (2 Pedro 1.8-9). Tales características describen al creyente carnal. Los creyentes en Cristo a quienes no se les enseña a crecer y vivir en el Espíritu permanecen en el mismo estado de cuando renacieron espiritualmente. Todavía son bebés en la fe, a pesar de que tal vez fueron creyentes por muchos años. En **1 Corintios 3.1-3** se describe la vida espiritual inmadura de esa persona: "De manera que yo, hermanos, no pude hablaros como a espirituales, sino como a carnales, como a niños en Cristo. Os di a beber leche, y no vianda; porque aún no erais capaces, ni sois capaces todavía, porque aún sois carnales[...]"

(Encima de la letra "e" minúscula de *espíritu*, trace una "E" mayúscula.) Trazaré una **"E" mayúscula** encima de la palabra *espíritu* para indicar que, cuando usted vuelve a nacer espiritualmente, el Espíritu Santo es parte eterna del espíritu suyo. El gran error del creyente carnal es dejar abierta la puerta de la carne. Satanás todavía tiene acceso porque la carne domina los pensamientos, la voluntad y las emociones de esa persona. La palabra *carnal* significa *mundano* o *libidinoso*. Es más probable que tal clase de creyente siga los sentidos físicos y la naturaleza caída que la naturaleza espiritual que recibió en su conversión.

No hay dudas de que a veces usted siente un conflicto en su corazón cuando trata que sus pensamientos, actitudes y acciones imiten a Jesús. ¿Por qué surgen tales conflictos? Si usted no deja que Cristo sea el Amo o Señor permanente de su vida a través de su Espíritu, entonces usted es un creyente carnal. A pesar de haber permitido que Cristo entre en su vida, usted todavía lucha para controlarla. La vieja naturaleza todavía lo domina. Los creyentes carnales abren constantemente la puerta de la carne, permitiendo así que la vieja naturaleza determine lo que piensan, lo que hacen y lo que sienten, en lugar de seguir al Espíritu de Dios.

Las influencias que rivalizan entre sí causan ese conflicto en su personalidad. Usted oye la voz de Satanás a través de su carne, y también oye la voz de Dios al hablar el Espíritu Santo a través del espíritu suyo. Usted oye la voz de su "yo" a través de su mente, su voluntad y emociones. Usted se convierte en un campo de batalla. ¿Cómo podría triunfar en esa clase de situación? No se desespere. Cristo desea ser su Señor y darle una victoria cotidiana.

EL CREYENTE ESPIRITUAL

(Dibuje otro círculo con las palabras explicativas que usó anteriormente. Agregue la cruz en el centro como se indica a continuación. Deje abierta la puerta del espíritu y cierre la puerta de la carne. Arriba del círculo escriba *El creyente espiritual* y *Gálatas 2.20* como se ilustra. Atraviese la palabra *carne* con la palabra *crucificado*.) Dibujaré una vez más el **círculo** para ilustrar al creyente espiritual. Como discípulo de Cristo a usted se le promete la victoria sobre el mundo, la carne y el diablo. He aquí cómo lograrlo. Observe que su **voluntad** se encuentra entre **la puerta del espíritu** y **la puerta de la carne**. La puerta del espíritu está abierta, mientras que la puerta de la carne está cerrada. Cuando usted está dispuesto a dejar que Cristo sea Señor de su vida, la muerte de Él en la cruz y su resurrección le proporcionan a usted una vida de victoria. Ahora puede decir con el apóstol Pablo en **Gálatas 2.20**: "Con Cristo estoy juntamente crucificado, y ya no vivo yo, más vive Cristo en mí; y lo que ahora vivo en la carne, lo vivo en la fe del Hijo de Dios, el cual me amó y se entregó a sí mismo por mí".

La manera de lograr la victoria es considerar a su carne como **crucificada**. Debido a que se trata de un acto constante de su voluntad, el hecho de que Cristo more en usted lo ayudará a mantener abierta la puerta del espíritu y cerrada la puerta de la carne. Al dar muerte a su vieja naturaleza, el Espíritu de Dios le da una vida de victoria cada día. Al hacer eso, usted experimenta la plenitud del Espíritu Santo y puede así vivir en el Espíritu. Dios se hace cargo de su mente, su voluntad y emociones y, por lo tanto, también de su alma y su cuerpo.

Ahora se puede observar el contraste entre la persona natural y el creyente carnal. También puede notar que el **creyente espiritual** anda en el Espíritu para no satisfacer los deseos de la carne.

PASOS HACIA UNA VIDA VICTORIOSA

(Debajo de la palabra *voluntad*, escriba *Filipenses 2.13*. Arriba de la palabra *espíritu*, escriba *Efesios 5.18*. Debajo de la palabra *mente*, escriba *Romanos 12.2*. Debajo de la palabra *emociones*, escriba *Gálatas 5.22-*

El cristiano espiritual

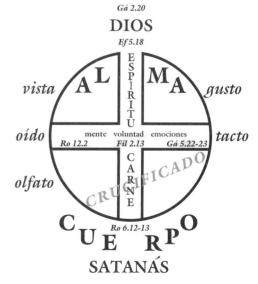

El cristiano espiritual

23. Debajo de la palabra *carne*, escriba *Romanos 6.12-13.* Lea o cite estos pasajes bíblicos mientras escribe.) La victoria suya no es automática. En tanto que usted viva en el cuerpo, peleará continuamente la buena batalla de la fe. Sin embargo, Dios le ha prometido la victoria. Déjeme explicarle en términos prácticos cómo permitirle a Cristo controlar la totalidad de su personalidad y cómo permitirle que Él le dé vida en el Espíritu.

Filipenses 2.13 dice: "Porque Dios es el que en vosotros produce así el querer como el hacer, por su buena voluntad". Dios lo ayuda a hacer su voluntad y luego le brinda la capacidad de hacerlo. Mediante un acto de su voluntad, aférrese usted a Gálatas 2.20 como experiencia propia.

Efesios 5.17-18 dice: "Sed llenos del Espíritu". Pídale al Espíritu Santo que llene su personalidad y que lo siga llenando para que pueda guiarlo, enseñarle y darle el poder de ser un creyente espiritual.

Romanos 12.2 dice: "No os conforméis a este siglo, sino transformaos por medio de la renovación de vuestro entendimiento, para que comprobéis cuál sea la buena voluntad de Dios, agradable y perfecta".

Gálatas 5.22-23 dice: "Más el fruto del Espíritu es amor, gozo, paz, paciencia, benignidad, bondad, fe, mansedumbre, templanza; contra tales cosas no hay ley". Cuando usted permite que el Espíritu de Dios lo llene, Él produce el fruto del Espíritu en usted. El fruto del espíritu lo ayuda a producir las emociones adecuadas y contribuye a controlar sus emociones.

Romanos 6.12-13 dice: "No reine, pues, el pecado en vuestro cuerpo mortal, de modo que lo obedezcáis en sus concupiscencias; ni tampoco presentéis vuestros miembros al pecado como instrumentos de iniquidad, sino presentaos vosotros mismos a Dios como vivos de entre los muertos, y vuestros miembros a Dios como instrumentos de justicia". Su cuerpo es un regalo de Dios para que usted tenga identidad, participe en el mundo y se comunique con los demás. El cuerpo no es malo en sí mismo; sólo la carne o su naturaleza pecaminosa es mala. Jesús vino a morar en su cuerpo para hacer del mismo un instrumento de justicia en lugar de un instrumento de pecado. Preséntele a Dios su cuerpo y todos los miembros del mismo para que haga el bien.

(En un lado del círculo, escriba *1 Corintios 6.19-20*; en el otro lado, escriba *Romanos 12.1*.) La idea de castigar el cuerpo porque es malo no es un concepto cris-

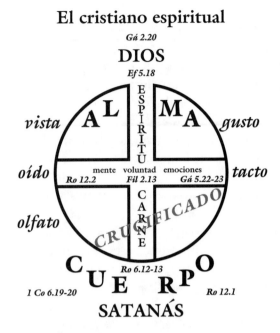

El cristiano espiritual

tiano. En **1 Corintios 6.19-20** dice: "¿O ignoráis que vuestro cuerpo es templo del Espíritu Santo, el cual está en vosotros, el cual tenéis de Dios, y que no sois vuestros? Porque habéis sido comprados por precio; glorificad, pues, a Dios en vuestro cuerpo y en vuestro espíritu, los cuales son de Dios".

Romanos 12.1 dice: "Así que, hermanos, os ruego por las misericordias de Dios, que presentéis vuestros cuerpos en sacrificio vivo, santo, agradable a Dios, que es vuestro culto racional". La encarnación de Cristo en un cuerpo humano demuestra el potencial del cuerpo para ser restaurado a su condición original cuando Cristo regrese nuevamente y le dé un cuerpo espiritual como el cuerpo de Cristo.

Cuando usted se entrega enteramente a Dios, el Espíritu Santo lo ayuda a dominar su mente, su voluntad, sus emociones, su cuerpo y su alma a través del poder de Cristo. La vida que ahora usted vive, la vive "en la fe del Hijo de Dios", como dice Gálatas 2.20. Cuando obedece a Cristo y sus mandamientos, Él mora en usted y usted mora en Él. Cristo vive en el mundo a través de usted. Su ser interior se completa integralmente y siente paz. Usted experimenta constantemente la plenitud del Espíritu Santo y el gozo, la paz, el amor, la alabanza y la acción de gracias le sobreabundan. Hay ríos de agua viva que fluyen de usted como testigo de Cristo a otras personas, porque Cristo vive en usted a través del Espíritu.

¿QUIÉN ES USTED?

Ahora evalúe su propia vida:

- ¿Es una persona natural cuyo espíritu ha muerto? ¿Lo controlan los sentidos del cuerpo y los deseos naturales?
- ¿Es un creyente carnal que ha recibido a Cristo en su vida pero sigue dominado por los deseos de la carne? ¿Acaso su vieja naturaleza aún lo controla?
- ¿Es usted un creyente espiritual que ha sido crucificado con Cristo y es controlado por el Espíritu Santo?

(Debajo de *Gálatas 2.20*, escriba *1 Tesalonicenses 5.23-24*.) **1 Tesalonicenses 5.23-24** dice: "Y el mismo Dios de paz os santifique por completo; y todo vuestro ser, espíritu, alma y cuerpo, sea guardado irreprensible para la venida de nuestro Señor Jesucristo. Fiel es el que os llama, el cual también lo hará".

Los creyentes espirituales no son perfectos, pero crucifican diariamente la carne y permiten conscientemente al Espíritu Santo que los llene. Cuando son tentados, invitan a Cristo a que llene su vida y le cierran la puerta a la carne. Cuando pecan, le piden a Dios perdón y fortaleza para ayudarlos a vencer la próxima tentación.

Recuerde estos siete pasos hacia un carácter más semejante a Cristo:

1. Pedirle a Dios, a través de la guía del Espíritu Santo, que lo ayude a tener la *voluntad* de hacer lo correcto.
2. Abrir la puerta del *espíritu* al Espíritu de Dios pidiéndole que lo llene.
3. Cerrar la puerta de la *carne* a Satanás, confesando sus pecados y aferrándose a la crucifixión de Cristo en su carne.
4. Renovar su *mente*, saturándola con la Palabra de Dios.
5. Permitir que el Espíritu Santo domine sus *emociones*, produciendo el fruto del Espíritu en usted.
6. Presentar su *cuerpo* a Cristo como instrumento de justicia.
7. Amar al Señor su Dios con todo su *corazón*, con toda su *alma*, con toda su *mente* y con toda sus *fuerzas*.

---

[1]Algunas personas creen que el alma y el espíritu son la misma cosa en lugar de dos aspectos distintos de su personalidad. La función es la misma ya sea que usted piense que su alma tiene tres partes (cuerpo, alma y espíritu) o dos partes (cuerpo y alma, donde el espíritu se ve como parte del alma). A pesar de que las personas que sostienen cada una de esas posiciones creen contar con una base bíblica para respaldarla, la opinión suya acerca de ese asunto no afecta el significado de esta presentación. La misma trata de la batalla que hay entre la carne y el espíritu, no entre el alma y el espíritu.

El cristiano espiritual
Gá 2.20
1 Ts 5.23-24
DIOS
Ef 5.18

Aplicación de la personalidad del discípulo

Santiago 4.1-8

Gálatas 5.16-25

Escuchar la Palabra

Fecha 4/16/06   Lugar Atlanta

Predicador Daniel Bello   Texto Santiago 4:1-8 Galatos 5:16-25

Titulo Santiago 4:1-8 - Galatos 5:16-25

Mensaje
Puntos, explicación, ilustraciones, aplicación:

Resumen
La idea principal que el predicador me exhorta a hacer, ser y sentir como resultado del mensaje:

_____

_____

_____

_____

Aplicación para mi vida
¿Qué me dijo Dios por medio de este mensaje?

_____

_____

_____

¿Cómo evalúo mi vida con respecto a este mensaje?

_____

_____

_____

¿Qué medida(s) tomaré para alinear mi vida con este mensaje?

_____

_____

_____

_____

¿Qué verdad necesito estudiar más profundamente?

_____

_____

Lista para el pacto de oración

Motivo	Fecha	Promesa bíblica	Respuesta	Fecha

PLAN DE ESTUDIO DE CRECIMIENTO CRISTIANO

La preparación de cristianos para crecer

En el Plan de Estudio de Crecimiento Cristiano, *Vida discipular 2: La personalidad del discípulo* es el libro de texto en el área de Liderazgo bíblico en el Diploma de Desarrollo de Líderes. Para recibir crédito, lea el libro, complete las actividades de aprendizaje, enseñe el trabajo realizado al pastor, o un miembro del personal o líder de la iglesia, y luego complete la información que se encuentra debajo. Puede reproducir la planilla. Después que la complete, envíela a:

Plan de Estudio de Crecimiento Cristiano
127 Ninth Avenue, North, MSN 117
Nashville, TN 37234-0117
FAX: (615) 251-5067

El catálogo anual del **Plan de Estudio de Crecimiento Cristiano** ofrece información acerca del plan de estudio. Quizás la oficina de la iglesia tenga uno. Si no lo tiene, pida un ejemplar gratis a la oficina del Plan de Estudio de Crecimiento Cristiano (615/251-2525).

INFORMACIÓN DEL SOLICITANTE

NO. DEL SEGURO SOCIAL

NO. PERSONAL DEL PECC*

FECHA DE NACIMIENTO

NOMBRE: PRIMERO, SEGUNDO Y APELLIDO
❑ SR.   ❑ SRTA.
❑ SRA.   ❑

TELÉFONO

DIRECCIÓN (CALLE, RUTA O NO. DEL APARTADO POSTAL)

CIUDAD, ESTADO

CÓDIGO POSTAL

INFORMACIÓN DE LA IGLESIA

NOMBRE DE LA IGLESIA

DIRECCIÓN (CALLE, RUTA, O NO. DEL APARTADO POSTAL)

CIUDAD, ESTADO

CÓDIGO POSTAL

SÓLO PARA SOLICITAR CAMBIOS

ANTIGUO NOMBRE

DIRECCIÓN ANTERIOR (CALLE, RUTA O NO. DEL APARTADO POSTAL)

CIUDAD, ESTADO

CÓDIGO POSTAL

IGLESIA ANTERIOR

CÓDIGO POSTAL

NÚMERO DEL CURSO

C G - 0 2 3 6

Envíe esta solicitud a: PLAN DE ESTUDIO DE CRECIMIENTO CRISTIANO
JUNTA DE ESCUELAS DOMINICALES
127 NINTH AVENUE, NORTH, MSN 117
NASHVILLE, TN 37234-0117

FIRMA DEL PASTOR, MAESTRO U OTRO LÍDER DE LA IGLESIA

FECHA

*Se pide que los nuevos solicitantes den su número del SS, pero no se requiere. Los participantes que ya han hecho estudios anteriores, por favor den su número del Plan de estudio de crecimiento cristiano (PECC) cuando estén usando el número del SS por primera vez. Después sólo se requerirá un número de identificación (ID).